AF577580
www.entdecke.de

Entdecke die Hyänen

Kerstin Viering und Oliver Höner

ISBN: 978-3-86659-516-3 1. Auflage 2023

An der Kleimannbrücke 39/41
48157 Münster
Tel.: 0251-13339-0, Fax: 0251-13339-33
E-Mail: verlag@ms-verlag.de

Home: www.ms-verlag.de
Geschäftsführung: Matthias Schmidt
Layout: Isabell Büchter
Lektorat u. Bildredaktion: Kriton Kunz
Druck: Pario Print, Krakau

Titelbild: mauritius images/nature picture library/Will Burrard-Lucas • Rückseite: shutterstock/Eric Isselee • Vorsatz: shutterstock/Volodymyr Burdiak

Alamy
S.5 oben: WorldFoto / Alamy Stock Photo

ImageBROKER
S.7 oben: Andrew Forsyth/FLPA

mauritius images
S.8/9: nature picture library / Anup Shah
S.15 unten: Peter Alexander / Alamy / Alamy Stock Photos
S.17 oben: Solvin Zankl
S.19 unten: Photoshot Creative / Hira Punjabi
S.30/31: Uwe Skrzypczak / Alamy / Alamy Stock Photos
S.32/33: Juergen Ritterbach / Alamy / Alamy Stock Photos
S.32 oben links: Eric Baccega / imageBROKER
S.32 oben rechts: nature picture library / Lou Coetzer
S.37 oben: Mint Images RF / Londolozi Images
S.50 oben: Blickwinkel / Alamy / Alamy Stock Photos
S.51 Mitte: Sergio Pitamitz / Alamy / Alamy Stock Photos
S.54 oben: age fotostock / Morales
S.57 oben links: PhotoStock-Israel / Alamy / Alamy Stock Photos
S.58/59: nature picture library / Luke Massey
S.59 oben: nature picture library / Luke Massey
S.61 unten: Grant Rooney / Alamy / Alamy Stock Photos

shutterstock
S.1: Andries Combrinck
S.2/3: Martin Mecnarowski
S.4/5: Ondrej Prosicky
S.6/7: Grobler du Preez
S.6 oben: Eric Isselee
S.9 oben: AndyElliott
S.9 Mitte: ATUL GUDKA
S.10/11: Roger de la Harpe
S.11 oben: Mogens Trolle
S.11 Mitte: Dudarev Mikhail
S.12/13: Sam DCruz
S.14/15: Arnoud Quanjer
S.15 oben: Abdelrahman Hassanein
S.15 Mitte: Ondrej Prosicky
S.16/17: Jan Hejda
S.17 unten: Ondrej Prosicky
S.18/19: Andrew M. Allport
S.19 oben: J.NATAYO
S.19 Mitte: Sourabh Bharti
S.20/21: Trevor Fairbank
S.20 oben: SerenityPhotography
S.21 oben: Simon Greig
S.24 unten: Catay
S.29 oben: Marie Lemerle
S.31 oben links: Subair Cheerathodi
S.31 oben rechts: Chedko
S.34/35: MintImages
A.34 unten: MintImages
S.35 oben: Mark Sheridan-Johnson
S.36/37: Stephen Barnes
S.36 oben: Wayne John Donaldson
S.36 Mitte: Marie Lemerle
S.38/39: Sergey Novikov
S.40/41: Tobie Oosthuizen
S.41 oben links: Henrico Muller
S. 41 oben rechts: Bridgena BArnard
S.41 Mitte: Roger de la Harpe
S.41 unten: Roger de la Harpe
S.42/43: Chedko
S.44/45: Kristian Muthugalage
S.45 oben links: Lennjo
S.45 oben rechts: Rudi Hulshof
S.46 oben: Dave Pusey
S.46 Mitte: Roger de la Harpe
S.46 unten: Alexandree
S.47 oben: Ondrej Prosicky
S.47 unten: Kcheml
S.48/49: Maggy Meyer
S.48 oben: jeopalu
S.48 Mitte: Mark Dumbleton
S.49 oben: Villiers Steyn
S.50/51: Gunter Nuyts
S.50 Mitte: v300
S.50 unten: Matyas Rehak
S.52/53: Dr. Meet Poddar
S.52 oben: LMIMAGES
S.52 Mitte: Beate Wolter
S.53 oben links: DextairPhotography
S.53 oben rechts: Lucian Coman
S.54/55: Simon Eeman
S.55 oben: Kwame Amo
S.56/57: Wirestock Creators
S.57 oben rechts: Jananz
S.60/61: Berengere CAVALIER
S.61 Mitte: Berengere CAVALIER
S.64: Eric Isselee

Oliver Höner:
S.22/23, S.24 oben, S.24 unten, S.25 oben, S.25 unten, S.26 oben, S.26 unten, S.27 oben links, S.27 oben rechts, S.28 oben, S.28 unten, S.29 Mitte, S.29 unten, S.63 4x

Inhaltsverzeichnis

Willkommen in der Welt der Hyänen!

„Es gibt keine Hyäne ohne Freunde!“ So heißt es zumindest in einem Sprichwort aus Kenia. Klingt ja erst mal ganz gut für die Tiere, oder? Es ist aber überhaupt nicht nett gemeint. Denn bei den Menschen vom Volk der Meru, die diesen Spruch erfunden haben, gelten Hyänen als extrem hässlich. Im Klartext soll das also heißen: Wenn selbst solche Fieslinge Freunde haben können, dann muss das auch für jeden Menschen gelten, egal, wie er aussieht, wie er sich benimmt oder wie viel Geld er hat. „So abstoßend wie eine Hyäne wird schon keiner sein“, haben sich die Leute wohl gedacht.

Es gibt auf der Welt auch noch viele andere Menschen, die Hyänen als Ekelpakete auf vier Beinen sehen. Alles Mögliche hat man den Tieren schon nachgesagt: Mordlustig und grausam sollen sie sein, hinterhältig und feige. In manchen Geschichten sind sie sogar als Reittiere von Hexen unterwegs.

Das alles ist natürlich Blödsinn! In Wirklichkeit sind Hyänen weder unheimliche Märchengestalten noch die „Verbrecher der Savanne“. Sie sind einfach sehr gesellige Raubtiere mit einem spannenden Alltag.

Mit diesem Buch laden wir Dich ein, die echten Hyänen kennenzulernen. Vier Arten von ihnen leben heute in Afrika und Asien, und über alle wirst Du etwas erfahren. Vor allem aber wollen wir Dich mit zu den Tüpfelhyänen nehmen, die nicht nur die größten und häufigsten, sondern auch die am besten erforschten Vertreter ihrer Verwandtschaft sind.

Vor allem Tüpfelhyänen führen ein sehr geselliges Leben

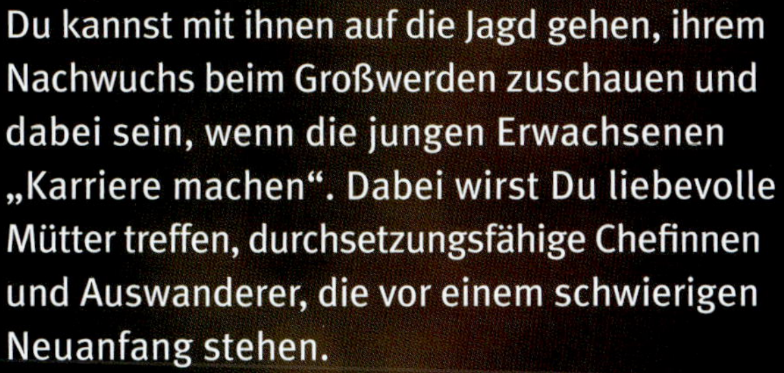

Du kannst mit ihnen auf die Jagd gehen, ihrem Nachwuchs beim Großwerden zuschauen und dabei sein, wenn die jungen Erwachsenen „Karriere machen“. Dabei wirst Du liebevolle Mütter treffen, durchsetzungsfähige Chefinnen und Auswanderer, die vor einem schwierigen Neuanfang stehen.

Außerdem wirst Du Menschen kennenlernen, die das Leben dieser faszinierenden Tiere erforschen. Dank dieser Forschung können wir Dir jetzt erzählen, wie man in Hyänenkreisen Chefin wird. Oder warum auch Hyänen manchmal die Schnauze voll von ihren Artgenossen haben und einfach ein bisschen allein sein wollen. Und natürlich auch, warum Hyänen tatsächlich Freunde brauchen – vierbeinige und zweibeinige. Vielleicht gehörst Du ja nach dem Lesen dieses Buches auch dazu?

Viel Spaß!

An das Leben in der Nacht sind Hyänen hervorragend angepasst. Das Leuchten in ihren Augen kommt von einer Schicht, die dafür sorgt, dass auch noch sehr schwaches Licht genutzt werden kann.

Schwierig, aber spannend!

Wissenschaftler, die Hyänen erforschen, haben keinen ganz leichten Job. Denn Hyänen sind nicht bereit, ihre Geheimnisse einfach so preiszugeben. Wenn man wissen will, wie sie wirklich ticken, muss man sie nicht nur jahrelang beobachten. Man muss auch ihren Kot, ihr Blut und ihr Erbgut untersuchen. Das macht viel Arbeit, man braucht dafür Zeit und Geduld. Aber es lohnt sich!

Die bucklige Verwandtschaft

Hast Du schon mal jemanden von seiner „buckligen Verwandtschaft“ erzählen hören? Wer so was sagt, will sich meist ein bisschen über den Rest der Familie lustig machen. Oder ihn sogar beleidigen. Das machen wir bei den Hyänen natürlich nicht. Schließlich wollen wir ja Freunde werden! Aber ehrlich gesagt: Wenn man sich die Mitglieder dieser Raubtier-Familie so anschaut, ist das eigentlich eine ganz passende Beschreibung. Denn bei allen vier Arten sind die Vorderbeine länger und kräftiger als die Hinterbeine. Wenn sie also irgendwo herumstehen, fällt der Rücken von den Schultern zum Schwanz hin ab. Mit anderen Worten: Wer zur Hyänen-Familie gehört, hat tatsächlich einen Buckel. Der ist sogar ganz praktisch. Denn durch ihren speziellen Körperbau können die Tiere sehr lange rennen, ohne müde zu werden.

Typisch Hyäne: Die Hinterbeine sind kürzer als die Vorderbeine. Hier siehst Du eine Streifenhyäne.

Bei Tüpfelhyänen ist der Buckel weniger ausgeprägt als bei der Streifenhyäne

Das ist aber nicht das Einzige, was alle vier Arten gemeinsam haben. So sehen sich Männchen und Weibchen bei allen Hyänen sehr ähnlich. Beide sind fast gleich groß, haben die gleiche Figur und das gleiche bräunliche Fell, das je nach Art unterschiedlich gemustert ist. Wenn man die Tiere nicht ganz genau kennt, kann man Männchen und Weibchen deshalb sehr leicht verwechseln.

Aussehen ist natürlich auch bei Hyänen nicht alles. In manchen Punkten aber gestalten die verschiedenen Arten selbst ihr Leben ganz ähnlich. Zum Beispiel bekommt man von ihnen tagsüber meist nicht viel zu sehen. Statt in der Gegend herumzulaufen, dösen sie dann lieber in ihrem Bau. Oder machen ein Nickerchen unter einem Busch, in einer Felsspalte oder einem Flussbett. So richtig aktiv werden sie erst in der Dämmerung. Dann aber sind sie oft auch die ganze Nacht auf den Beinen und streifen durch ihr Revier.

Dieses Revier, sozusagen ihr Zuhause, kann in ganz unterschiedlichen Gegenden liegen. Im Grasland der Savannen fühlen sich Hyänen genauso daheim wie in Wäldern, Wüsten oder Gebirgen. Genug zu fressen muss es natürlich geben. Aber sie sind durchaus bereit, ein ganzes Stück zu laufen, um sich den Magen vollzuschlagen.

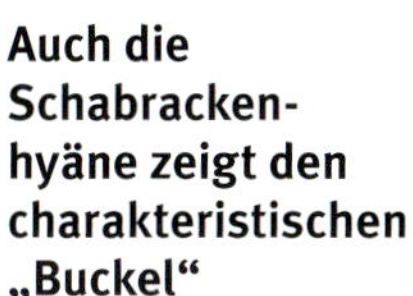

Auch die Schabrackenhyäne zeigt den charakteristischen „Buckel“

Männchen oder Weibchen?

Weibchen, die wie Männchen aussehen? Das müssen ja komische Tiere sein! Die verblüffende Ähnlichkeit zwischen den Geschlechtern ist den Leuten früher ein bisschen verdächtig vorgekommen. Also haben sie ihrer Fantasie freien Lauf gelassen und sich alle möglichen Geschichten zusammengesponnen. Darin wird oft erzählt, dass jede Hyäne gleichzeitig Männchen und Weibchen sei. Oder dass die Tiere ihr Geschlecht wechseln können, wie es ihnen gerade passt. Das sind aber alles nur Märchen.

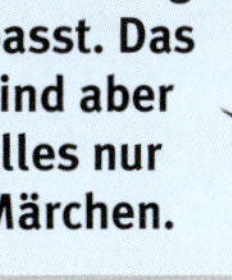

Chatten mit der Nase

Die Gebiete, die Hyänen auf der Suche nach Fressbarem durchstreifen, sind oft sehr groß. Da ist es gar nicht so leicht, mit den Artgenossen in Kontakt zu bleiben und zu erfahren, was bei denen gerade los ist. Zum Glück aber haben auch Hyänen ihre sozialen Medien. Nur tauschen sie ihre Nachrichten nicht im Internet aus, sondern in der Landschaft. Dazu machen sie sich ihr eigenes Parfüm: In einer Art Beutel am Hintern produzieren sie eine stark riechende Paste, die sie an Grasbüschel oder andere Stellen im Gelände schmieren.

Sobald dann eine andere Hyäne vorbeikommt und an der Botschaft schnuppert, erfährt sie aus diesem „Internet für die Nase" jede Menge Neuigkeiten: Wann war jemand hier? War es ein Männchen oder ein Weibchen? Von welcher Gruppe? Und ist der- oder diejenige vielleicht in Paarungsstimmung? Das alles können die Tiere am Geruch erkennen – und dann entsprechend handeln. In ihrem Alltag spielt die Nase also eine viel wichtigere Rolle als bei uns.

Aus den Duftmarken, die Artgenossen hinterlassen haben, können Hyänen viele Informationen herausriechen

Sie wissen beispielsweise, ob hier ein Männchen oder ein Weibchen seinen Geruch angebracht hat

Familie einmal anders

Mit „Raubtier-Familie“ ist hier nicht so eine wie bei den Menschen gemeint, die aus Eltern und Kindern besteht. Vielmehr fassen Wissenschaftler Arten, die sich in ihrem Körperbau stark gleichen und von einem gemeinsamen Vorfahren abstammen, jeweils in Gattungen zusammen und diese dann in Familien. Die bekannteste katzenartige Raubtierfamilie ist neben den Hyänen, den Madagassischen Raubtieren und den Mangusten natürlich die der Katzen.

Zu den hundeartigen Raubtieren zählen unter anderem die Familien der Hunde, verschiedener Robben, der Bären, der Kleinbären und der Marder.

Auf den ersten Blick könnte man sie für Hyänen halten: Afrikanische Wildhunde ähneln Hyänen in Aussehen und Lebensweise, sind aber hundeartige Raubtiere und daher mit Hyänen nicht nah verwandt.

Nahe Verwandte

Bestimmt kennst Du auch noch andere Raubtiere, bei denen die Nase eine so wichtige Rolle spielt. Klar: Hunde! Sind Wolf, Fuchs, Schakal und Co. also vielleicht die nächsten Verwandten der Hyänen? Könnte man denken. Denn Gesicht und Figur sind sich tatsächlich ein bisschen ähnlich. Besonders mit dem Afrikanischen Wildhund, der früher auch als „Hyänenhund" bekannt war, werden Hyänen oft verwechselt. Doch der Schein trügt. Auch wenn sie nicht so aussehen, stehen die Hyänen den Katzen viel näher als den Hunden. Ihre nächsten Verwandten sind allerdings keine Löwen oder Tiger, sondern zum einen die Mangusten, zu denen zum Beispiel die beliebten Erdmännchen gehören, und zum anderen die ganz ungewöhnlichen Raubtiere, die über die Insel Madagaskar vor Afrika streifen. Dazu zählen die Fossa und etliche Arten mit lustigen Namen wie Falanuk oder Fanaloka.

Kaum zu glauben, aber Mangusten wie diese jungen Erdmännchen zählen zu den nächsten Verwandten der Hyänen

Schon eher sieht man die Verwandtschaft zu Hyänen den Raubtieren der riesigen Insel Madagaskar an, vor allem der Fossa

Vier Arten, vier Leben

Bei manchen Äußerlichkeiten und Verhaltensweisen kann man somit durchaus sagen: Typisch Hyäne! Trotzdem hat natürlich auch jede Art ihre ganz speziellen Eigenheiten. Es lohnt sich also, sich die vier Hyänen mal etwas genauer anzuschauen.

Höhlenhyänen

Auch bei uns in Mitteleuropa gab es früher Hyänen. Das war allerdings während der letzten Eiszeit, ist also schon mehr als 10 000 Jahre her. Inzwischen sind diese Tiere längst ausgestorben. Damals aber streiften enge Verwandte der heutigen Tüpfelhyänen zum Beispiel durchs heutige Bayern und Nordrhein-Westfalen. In etlichen Höhlen hat man dort uralte Skelette von solchen Raubtieren entdeckt.

Und nicht nur das: Oft haben diese Höhlenhyänen auch ihre Beute mit in ihren Unterschlupf geschleppt. Geschützt vor Wind und Wetter sind dort also auch die Knochen vieler anderer Tiere erhalten geblieben. Höhlenhyänen sind deshalb wichtige Verbündete für Forscherinnen und Forscher, die mehr über die Tierwelt der Eiszeit herausfinden wollen.

Die Tüpfelhyäne ist die bekannteste Art. Es gibt aber noch drei weitere!

Die Tüpfelhyäne

Wenn sie an Hyänen denken, haben die meisten Leute als Erstes diese Art vor Augen: Kräftige Tiere mit runden Ohren und einem braun gefleckten Fell. Tüpfelhyänen sind sozusagen die Promis in ihrer Familie.

Die meisten Tüpfelhyänen gibt es im Krüger-Nationalpark in Südafrika und in der Serengeti, die sich vom Norden Tansanias bis in den Süden Kenias erstreckt. Das sind tatsächlich typische Savannen, in denen weite Graslandschaften mit einzelnen Bäumen bis zum Horizont reichen. Wenn es nach den Tüpfelhyänen geht, muss ein Lebensraum aber nicht unbedingt so aussehen. Im Regenwald von Gabun in Westafrika kommen sie genauso zurecht wie in der Kalahari-Wüste im Süden des Kontinents.

Allerdings ist das Leben natürlich nicht überall gleich bequem. Zum Beispiel, wenn es ums Fressen geht. Darüber werden wir später noch mehr erzählen. Wir können aber schon mal verraten, dass an einem weiteren Gerücht nichts dran ist: Tüpfelhyänen mögen keineswegs nur Aas, also bereits tote Tiere, sondern viel lieber selbst erlegte Beute! Und die finden sie in einer Savanne voller Tiere natürlich leichter als in einer kargen Wüste. Das sieht man auch an der Größe der Reviere: Wo es wenig Beutetiere gibt, müssen die Hyänen viel weiter laufen, um satt zu werden. Aber das ist für die Raubtiere kein Problem: Wenn es sein muss, schaffen sie sogar einen Marathon am Tag! Und das über mehrere Tage hinweg. Hauptsache, sie bekommen genug Nahrung zusammen.

Stars in vielen Filmen

Vielleicht hast Du ja auch schon mal einen Dokumentarfilm gesehen, in dem Hyänen durch die Savannen Afrikas streifen? Um solche Szenen vor die Linse zu bekommen, müssen Kameraleute nicht unbedingt in ganz entlegene Regionen fahren. Denn kein anderes großes Raubtier ist in Afrika so weit verbreitet wie die Tüpfelhyäne!

Am liebsten sind Hyänen in der Nacht aktiv

Davon brauchen sie nämlich eine ganze Menge. Schließlich sind Tüpfelhyänen nicht nur die bekanntesten und häufigsten Mitglieder ihrer Familie, sondern auch die größten. Sie werden ungefähr 1,25 Meter lang und wiegen rund 58 Kilogramm. Damit sind sie ungefähr so groß wie ein Wolf, aber deutlich schwerer. Bei einer einzigen Mahlzeit kann so ein Tier bis zu 15 Kilogramm Fleisch und Knochen verschlingen – also etwa ein Viertel seines eigenen Gewichts!

Zum Vergleich: Wenn Du beispielsweise 25 Kilogramm wiegst, müsstest Du beim Essen über sechs Kilogramm Nahrung zu Dir nehmen, um mit einer Hyäne mithalten zu können!

Das ist aber noch nicht alles: Wo ein hungriger Magen knurrt, sind auch andere nicht weit. Denn Tüpfelhyänen sind äußerst gesellig und leben in großen Gruppen zusammen, die Clans genannt werden und aus bis zu 50 Weibchen und 40 Männchen bestehen können. Und dann wuseln da auch noch bis zu 40 Jungtiere herum. Die kleinen Tüpfelhyänen werden nach einer Tragzeit von knapp vier Monaten geboren und dann bis zu zwei Jahre lang gesäugt. Zwar hat j ede Mutter nur ein oder zwei, ganz selten auch mal drei Junge. Trotzdem kostet es jede Menge Energie, eine Generation neuer Hyänen aufzupäppeln. Das hält man nur mit genügend Beute durch.

Tüpfelhyänen leben in Gruppen zusammen, den sogenannten Clans

Die Bindung zwischen dem Muttertier und seinem Nachwuchs ist sehr eng

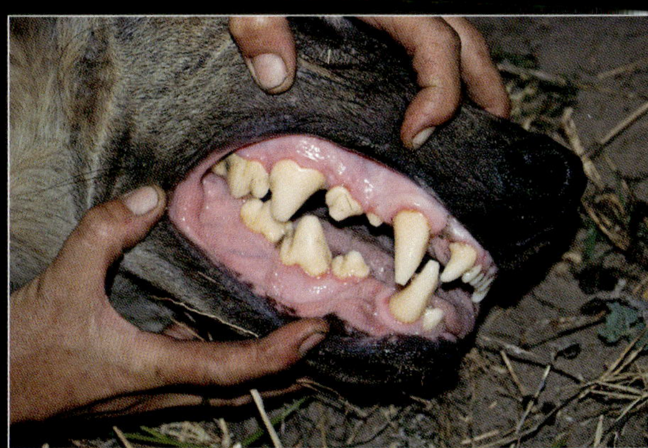

Hier haben Wissenschaftler eine Tüpfelhyäne für eine Untersuchung betäubt. Im Größenvergleich zu den Händen siehst Du, wie mächtig ihr Gebiss ist.

Die Schabrackenhyäne

Auf der Rangliste der größten Hyänen steht diese Art auf Platz zwei. Schabrackenhyänen werden zwischen 1,10 und 1,36 Meter lang und bringen im Schnitt etwa 40 Kilogramm auf die Waage. Damit sind sie ungefähr so schwer wie ein Schäferhund.

Sie sind aber nicht nur kleiner als Tüpfelhyänen, auch ihr Fell unterscheidet sich deutlich. Es ist ziemlich lang, ein bisschen zottelig – und vor allem anders gefärbt. An den Beinen haben Schabrackenhyänen ein paar Streifen; Nacken und Schultern sind gelblich. Ansonsten aber verzichten sie auf die Flecken und Muster, die für den Rest ihrer Verwandtschaft typisch sind. Sie begnügen sich mit einem einfarbigen Dunkelbraun und sind deshalb auch als „Braune Hyänen" bekannt.

Schon die neugeborenen Winzlinge haben diese typische Fellfärbung, wenn sie nach gut drei Monaten Tragzeit zur Welt kommen. Meist sind es zwei oder drei Geschwister in einem Wurf, es können aber auch bis zu fünf sein.

Ein Merkmal der Schabrackenhyäne ist ihr langes Fell

Auch an anderen Spielgefährten fehlt es den Kleinen oft nicht. Zwar streifen manche Schabrackenhyänen ganz allein durch die Gegend, die meisten aber leben in Gruppen zusammen. Allerdings werden ihre Clans nie so groß wie bei den Tüpfelhyänen: Bei vier bis 14 Mitgliedern ist normalerweise Schluss. Und selbst mit denen wollen die Tiere nicht ständig zusammen sein: Auf Nahrungssuche gehen sie normalerweise allein.

Dabei haben sie es vor allem auf Aas abgesehen, manchmal jagen sie aber auch kleinere Tiere. So eine Mahlzeit genügt ihnen auch, um ihren Durst zu stillen. Extra trinken müssen sie also nichts – auf diese Weise hat diese Art sich an ihren Lebensraum angepasst, trockene Gebiete im Süden Afrikas. Damit hat sie das kleinste Verbreitungsgebiet aller Hyänen.

Auch die Meeresküste kann Nahrung bieten. Hier hat sich eine Schabrackenhyäne ein Robbenbaby geschnappt.

Wie alle Hyänen besitzt auch die Schabrackenhyäne scharfe Sinne: Die großen Ohren vernehmen selbst leise Geräusche, die Augen sind besonders an das Sehen in der Nacht angepasst, und mit der feinen Nase nimmt das Tier unterschiedlichste Gerüche wahr.

Die Streifenhyäne

Mit einer Länge von gut einem Meter und einem Gewicht zwischen 26 und 41 Kilogramm ist diese Art die drittgrößte Hyäne. Gut zu erkennen ist sie an ihrem gestreiften Fell und an der eindrucksvollen Mähne, die länger ist als bei ihren Verwandten.

Wenn man irgendwo in Asien einer frei lebenden Hyäne begegnet, ist die Sache sogar noch einfacher. Dann kann es sich um gar keine andere Art handeln. Denn die Streifenhyäne ist die einzige Art ihrer Familie, die nicht nur in Afrika vorkommt: Außer im Norden dieses Kontinents lebt sie auch in Teilen Asiens, von der Türkei bis nach Indien.

Zu Hause ist sie vor allem in trockenen Lebensräumen mit wenig Bäumen – und manchmal auch direkt in der Nachbarschaft von Menschen. So tauchen auch auf dem Flughafen der israelischen Stadt Tel Aviv und in den Vororten der algerischen Hauptstadt Algier immer wieder Streifenhyänen auf. Im Libanon hat es diese Art sogar zum Nationaltier gebracht. Dort scheinen die Leute wohl mehr Respekt vor Hyänen zu haben als in vielen anderen Teilen der Welt.

Streifenhyänen sind oft als Einzelgänger unterwegs und als einzige Art ihrer Familie auch in Asien zu Hause

Trotzdem weiß man über Streifenhyänen deutlich weniger als über die anderen drei Arten. So hat zum Beispiel noch niemand beobachtet, wie diese Tiere ums andere Geschlecht werben. Dabei scheinen sie sich das ganze Jahr über paaren zu können. Und sie haben bestimmt irgendwelche Vorstellungen davon, wie sich der gesuchte Traumprinz oder die perfekte Partnerin zu benehmen hat. Nur haben sie dieses Geheimnis bisher eben für sich behalten. Klar ist jedenfalls: Etwa drei Monate nach einer erfolgreichen „Hochzeit" kommen bis zu vier kleine Hyänen zur Welt.

Wenn die erwachsen geworden sind, können sie entweder allein oder in Gruppen leben. Da sind sie nicht so stur festgelegt. Genauso wenig wie beim Fressen. Auf ihrer Speisekarte steht vor allem Aas, sie haben aber auch nichts gegen Pflanzen oder Müll. Und manchmal machen sie auch Jagd auf kleine Tiere. Ihre Zähne sind sogar kräftig genug, um nicht nur Knochen, sondern auch Schildkrötenpanzer zu knacken! Wenn sie Durst haben, können sie selbst salziges Wasser trinken – beneidenswert, denn das vertragen wir Menschen überhaupt nicht.

Fühlt sich eine Streifenhyäne bedroht, vermag sie ihr Fell aufzurichten. Dadurch wirkt sie größer und gefährlicher.

Streifenhyänen können selbst salziges Wasser trinken, ohne Schaden zu nehmen

Wie alle Hyänenarten besitzt auch die Streifenhyäne ein mächtiges Raubtiergebiss, mit dem sie selbst den Panzer einer Schildkröte zu knacken vermag

Kuschelzeit bei Familie Erdwolf. Die Streifenzeichnung erinnert etwas an einen Tiger.

Der Erdwolf

In trockenen Grasländern im Osten und Süden Afrikas lebt noch eine weitere Art mit einem gestreiften Fell. Mit einer Streifenhyäne kann man einen Erdwolf trotzdem kaum verwechseln, denn er ist der absolute Zwerg in seiner Verwandtschaft: Mit einer Länge von 55 bis 80 Zentimetern und einem Gewicht von acht bis zwölf Kilogramm wird er gerade mal ein bisschen größer als ein Fuchs.

Wenn man sich diese Kleinste aller Hyänen genauer anschaut, entdeckt man auch gleich noch ein paar weitere Besonderheiten. Zum Beispiel hat sie an den Vorderpfoten jeweils fünf Zehen, an den Hinterpfoten aber nur vier. Beim Blick in ihr Maul sieht man sofort, dass sie ganz bestimmt noch nie einen Knochen oder Schildkrötenpanzer geknackt hat: Mit diesen winzigen Backenzähnen braucht sie daran gar nicht erst zu denken.

Macht sie aber auch nicht. Denn anders als der gesamte Rest ihrer Familie mögen die Eigenbrötler unter den Hyänen weder Aas noch selbst gejagte Beute. Sie fressen fast nur Termiten! An diese Nahrung angepasst haben sie sich mit einer breiten und klebrigen Zunge, mit der sie die Insekten einfach vom Boden auflecken können. In einer einzigen Nacht stopfen sie so bis zu 300 000 dieser kleinen Tierchen in sich hinein. Das sind bis zu zwei Kilo! Mit der Körperflüssigkeit der Termiten stillen sie auch gleich noch ihren Durst, nur selten müssen sie zusätzlich etwas trinken.

Wo Hyänen aufs Klo gehen

Erdwölfe haben bis zu 20 „Toiletten" in ihrem Revier! Für ihre kleinen und großen Geschäfte scharren sie Gruben in den sandigen Boden und hocken sich dort immer wieder hin. Nur wenn es gerade sehr viel zu fressen gibt, nehmen sie sich dafür manchmal nicht die Zeit und pinkeln an Ort und Stelle. Besonders häufig besuchen Erdwölfe die Klos an den Grenzen ihres Reviers.

Auch die anderen Hyänenarten nutzen solche speziellen Toiletten, die man „Latrinen" nennt. Ihr Kot sieht allerdings anders aus als der von Erdwölfen: Er ist zwar auch erst dunkel, wird beim Austrocknen aber weiß. Das liegt daran, dass er zu einem guten Teil aus verdauten Knochen besteht. Für die Wissenschaft sind solche Latrinen sehr interessant, denn aus dem Kot kann man viele Informationen über Hyänen gewinnen.

Nicht nur für Hyänen ist das eine äußerst ungewöhnliche Kost. Auch viele andere Tiere, die eigentlich gern Insekten fressen, haben für Termiten nichts übrig. Denn die sind zwar klein, aber wehrhaft: Sie verteidigen sich mit einem Gift, das die meisten ihrer Feinde nicht vertragen. Einem Erdwolf macht das allerdings nichts aus – zumindest nicht, wenn er schon erwachsen ist. Jungtiere dagegen müssen sich nach so einem Termiten-Schmaus oft übergeben. Ihr Magen muss sich wohl erst mal an die giftigen Leckerbissen gewöhnen.

Kleine Erdwölfe kommen nach einer Tragzeit von etwa drei Monaten zur Welt. Zwei bis vier Geschwister leben dann zusammen mit ihrer Mutter und deren Partner in einem gemeinsamen Revier. Das Männchen ist dabei meist nicht der Vater des Nachwuchses. Aber es kümmert sich trotzdem um die Kleinen und bewacht den Bau, in dem sie aufwachsen. Sonst würden wohl noch mehr Jungtiere vom gefürchtetsten Feind der Erdwölfe gerissen: dem Schabrackenschakal. Unter dem Schutz der Erwachsenen aber wachsen junge Erdwölfe sehr schnell heran. Schon mit vier Monaten haben sie ihr volles Gewicht erreicht, mit sieben Monaten fangen sie an, nachts allein durch die Gegend zu streifen.

An Termiten herrscht in Afrika kein Mangel. Manche Arten dieser kleinen Insekten bauen riesige Hügel.

Der Erdwolf ist die kleinste Hyänenart

Die Hyänen-Detektive

Der Ngorongoro-Krater ist ein wertvoller Lebensraum für unzählige Tiere

In der Savanne herumlaufen und Kacke einsammeln? Klingt nicht sehr appetitlich, oder? Aber für Oliver Höner, einen der Autoren dieses Bands der Entdecke-Reihe, und sein Team gehört das zu ihrer Arbeit. Sie wollen nämlich möglichst viele Geheimnisse aus der Welt der Tüpfelhyänen lüften. Dazu reisen die Forscherinnen und Forscher vom Berliner Leibniz-Institut für Zoo- und Wildtierforschung schon seit 25 Jahren immer wieder in den Ngorongoro-Krater in Tansania. Lassen wir ihn doch nun mal selbst zu Wort kommen.

Ein Krater voller Tiere

Der Ngorongoro-Krater hat eine bewegte Geschichte hinter sich. Früher war er mal der höchste Berg Afrikas: Ein Vulkan, der bis zu 5 800 Meter hoch in den Himmel geragt haben soll. Doch vor zwei oder drei Millionen Jahren ist der feuerspeiende Riese ausgebrochen und in sich zusammengestürzt. Zurück blieb ein mehr als 600 Meter tiefes Loch, das mit 260 Quadratkilometern ungefähr so groß ist wie die Stadt Frankfurt am Main. Die reiche Tierwelt in diesem Krater zieht heute viele Safari-Touristen an.

Eine Forschungsstation im Krater

Dieses Schutzgebiet hast Du vielleicht schon mal im Fernsehen gesehen, denn der Ngorongoro-Krater ist berühmt für seine Tierwelt. Durch seine Savannen und Akazienwälder trotten große Herden von Zebras und Gnus, Büffeln, Antilopen und Gazellen. Es gibt Elefanten, Spitzmaulnashörner und Flusspferde. Und so viele Raubtiere wie kaum irgendwo anders in Afrika: Neben Löwen, Leoparden und Geparden leben hier auch acht Clans von Tüpfelhyänen mit insgesamt etwa 500 Mitgliedern. Die meisten davon verlassen den Krater nie. Und genau deshalb ist dieses Gebiet für mein Team und mich ein so toller Arbeitsplatz: Wir können die Tiere hier gut im Auge behalten – oft sogar von der Geburt bis zum Tod.

Für eine solche Detektivarbeit brauchen wir natürlich eine Basis, in der wir wohnen und arbeiten können. Die liegt oben auf dem Kraterrand. In den ersten 17 Jahren haben wir dort in Zelten auf einer Waldlichtung campiert. Seither aber ist das Leben am Krater deutlich bequemer geworden. Denn es gibt inzwischen ein Haus, das in einem Wald in der Nähe eines Flusses liegt.

Hier siehst Du Oliver bei seiner Arbeit, …

… der Erforschung der Hyänen des Kraters

Wer dort lebt, hat die Natur vor der Haustür und die verschiedensten Tiere als Nachbarn. Die Palette reicht von Elefanten und Zebras über Leoparden und Löwen bis hin zu Affen, Stachelschweinen und Chamäleons. Von den zahllosen Vögeln und Insekten gar nicht zu reden.

Trotzdem müssen wir dort nicht auf die Annehmlichkeiten der Zivilisation verzichten. Solarzellen liefern Strom für elektrisches Licht, Computer und alle möglichen anderen Geräte. Seit 2015 gibt es dank einer Satellitenschüssel sogar Internet. Wasser kommt von einer nahen Quelle und vom Regen, der über Dachrinnen in großen Behältern gesammelt wird. Gekocht wird mit Gas. Und wenn wir Lebensmittel einkaufen wollen, fahren wir mit dem Auto etwa eine Stunde bis ins nächste Dorf. Einen Kühlschrank, um das Essen zu lagern, braucht man übrigens nicht: Das Camp liegt immerhin auf 2 400 Metern Höhe, da ist es nachts kühl. Manchmal fallen die Temperaturen sogar auf null Grad.

Für die Menschen aus Deutschland, Tansania und etlichen anderen Ländern, die im Hyänen-Forschungsteam arbeiten, ist dieses Camp also ein sehr bequemes Hauptquartier. Wie im Urlaub ist es dort aber trotzdem nicht. Denn es gibt jede Menge zu tun.

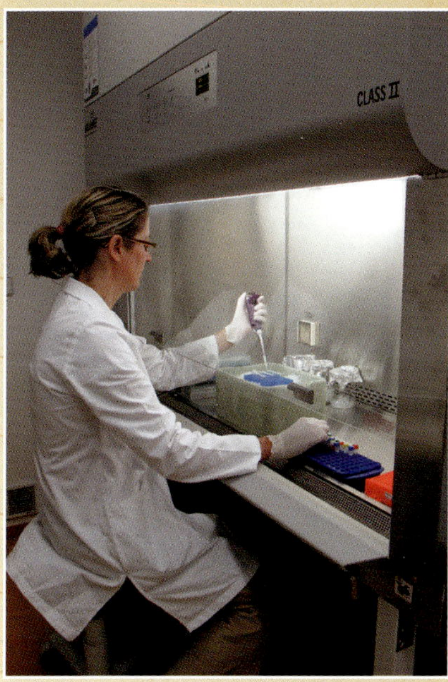

Die Proben untersuchen wir in unseren Laboren in Berlin

Unsere Forschungsstation liegt oben auf dem Rand des Ngorongoro-Kraters

Schon beim ersten Licht des Tages sind wir vor Ort, um die Hyänen zu beobachten

Ein Job für Frühaufsteher

Schon morgens um fünf klingelt deshalb der Wecker. Mit dem Geländewagen geht es dann hinunter zum bis zu 600 Meter tiefer gelegenen Krater-Boden. Das dauert ungefähr eine halbe Stunde. Schließlich möchten wir ja nicht im Höllentempo durch die Gegend brettern und die Tiere erschrecken. Das ist uns Forscherinnen und Forschern ganz wichtig: Die Hyänen sollen durch unsere Arbeit möglichst wenig gestört werden. Deshalb fangen wir auch nie welche ein, um sie besser untersuchen zu können. Wir rücken ihnen auch nicht zu dicht auf den Pelz, sondern bleiben im Auto sitzen und halten Abstand. Wozu gibt es schließlich Ferngläser? Damit können wir auch aus einiger Entfernung gut erkennen, was sich in den Clans so tut.

Gelegenheiten dafür gibt es genug. Man kann zum Beispiel zu einem der Gemeinschaftsbaue fahren, in denen die Tiere gerne den Tag verbringen. Oder zu den privaten Kinderstuben, in denen Hyänenmütter ihre Neugeborenen aufziehen. Auch an beliebten Ruheplätzen lässt sich oft Spannendes beobachten. Ebenso an einem toten Beutetier, das die Hyänen im Morgengrauen gerissen haben.

Anhand von Fotos können wir jede einzelne Hyäne erkennen, denn jede hat ein einzigartiges Tüpfelmuster

Ein Fernglas leistet gute Dienste

Mit der Videokamera können wir besonders spannende Verhaltensweisen aufzeichnen

Natürlich muss man dabei nicht die ganze Zeit an einer Stelle stehen bleiben. Oft lohnt es sich auch, den Tieren hinterherzufahren. Zum Beispiel, wenn sie auf die Jagd gehen oder wenn sie sich fürs andere Geschlecht interessieren. Streit ist auch immer sehenswert – ob er innerhalb einer Gruppe ausbricht oder zwischen Hyänen und Löwen.

Wenn man solche Szenen miterlebt, will man natürlich wissen, wer da alles mitmischt. Man muss die einzelnen Hyänen also auseinanderhalten können. Das ist manchmal gar nicht so einfach! Doch wir haben eine Kartei angelegt, in der alle Tiere mit Namen, Fotos und Beschreibung verzeichnet sind. Auf Papier und im Tablet haben wir diese „Personalausweise" immer dabei, wenn wir in den Krater fahren. So können wir alle dort lebenden Hyänen identifizieren – ganz ähnlich, wie es die Polizei macht, wenn sie sich durch ihr Verbrecheralbum klickt. Nur, dass Hyänen natürlich keine Verbrecher sind …

Für alle Tiere wird dann genau aufgeschrieben, fotografiert und gefilmt, was sie gerade machen. Manchmal kommen auch noch Tonaufnahmen von den Lauten dazu, mit denen sich Hyänen untereinander verständigen. Wenn man das alles später auswertet, kann man zum Beispiel herausfinden, wer in einem Clan das Sagen hat. Oder was ein Männchen tun muss, damit es bei den Weibchen gut ankommt. Auch wenn ein Tier gar nichts Besonderes macht, sondern einfach nur da ist, kann das interessant sein. Man weiß dann zumindest, dass es noch lebt und zu welcher Gruppe es gehört. Dadurch lässt sich auch besser abschätzen, wie alt Hyänen werden oder wie groß die einzelnen Clans sind. Wenn Tiere zu- oder abwandern, kriegen wir das auch mit.

Wer bist Du?

Das Fleckenmuster im Fell einer Tüpfelhyäne ist genauso einzigartig wie der Fingerabdruck eines Menschen. Man kann daran also jedes Tier erkennen. Blöd nur, dass man dieses verräterische Merkmal nicht immer sieht. Wenn die Hyänen zum Beispiel gerade ein Schlammbad nehmen, um sich abzukühlen, kann man die Tüpfel vergessen.
Um zu wissen, welche Hyäne man vor sich hat, muss man dann nach anderen Besonderheiten schauen. Vielleicht hat sie ja eine Kerbe im Ohr oder eine Narbe am Körper?

Spurensuche

Besonders aufregend wird es häufig, wenn man es mit jungen Hyänen zu tun hat. Die bieten nicht nur viel Action, sondern sind auch extrem neugierig. Oft kommen sie von sich aus direkt bis zum Auto. Das ist dann eine gute Gelegenheit, ihnen mit einer Zange ein paar Haare auszurupfen. Keine Sorge: Das macht ihnen nicht viel aus. Denn kleine Hyänen spielen ziemlich ruppig miteinander, sodass sie dabei auch von Natur aus immer mal wieder ein bisschen Fell verlieren. Für unsere Forschung aber sind solche Haarproben sehr wichtig. Wir können sie im Labor untersuchen und daraus das Erbgut des neugierigen Besuchers gewinnen. Das vergleichen wir dann mit dem der erwachsenen Tiere im Clan – und stellen so fest, wer der Vater der kleinen Hyäne ist.

Einige Tiere sind schon so an unsere Anwesenheit gewöhnt, dass sie uns manchmal einen Besuch abstatten

Um an andere Proben fürs Labor heranzukommen, müssen wir allerdings aus unserem Geländewagen aussteigen. Dann kann es eben auch mal unappetitlich werden. Mit dem Hyänenkot ist es nämlich so eine Sache. Man kann ihm zwar alle möglichen Informationen entlocken – allerdings muss man ihn dazu möglichst frisch finden und dann für spätere Untersuchungen einfrieren. Und man muss natürlich genau wissen, von welchem Tier er stammt. Also machen wir am besten gleich ein Foto, wenn sich eine Hyäne hinhockt. Sobald sie fertig ist, gehen wir dann hin und tüten den dampfenden Haufen ein.

Einen Pannendienst gibt es hier nicht. Geht was kaputt, müssen wir es selbst reparieren können.

Da man ja nicht direkt danebensteht, ist er zwischen all dem Gras allerdings manchmal schwer zu finden. Trotz Foto ... Da krabbelt man dann schon mal eine halbe Stunde schnuppernd in der Savanne herum und sucht Hyänenkacke. Das sieht nicht nur blöd aus, man fängt sich dabei auch jede Menge Zecken ein. Aber es lohnt sich! Denn aus solchen Proben lässt sich später das Erbgut gewinnen, um die Verwandtschaftsverhältnisse im Clan zu klären. Oder man kann sie auf bestimmte Hormone testen. Wenn der Körper solche Botenstoffe in großen Mengen ausgeschüttet hat, dann war das Tier vor dem Gang aufs Klo im Stress.

Wenn die Hyäne „auf's Klo" geht, ist Eile angesagt, denn aus dem frischen Kot können wir viele interessante Informationen gewinnen

Auch Proben von Urin oder Duftmarken können im Labor viel über ihre vierbeinigen Produzenten verraten. Manchmal findet unser Team auch eine tote Hyäne, die dann auf Verletzungen und Krankheiten untersucht wird. So tragen wir Wissenschaftlerinnen und Wissenschaftler jeden Tag neue Puzzleteile für unser Bild vom Alltag der gefleckten Raubtiere zusammen. Kein Wunder, dass die Tüpfelhyänen im Ngorongoro-Krater nach so vielen Jahren zu den am besten erforschten frei lebenden Säugetieren der Welt gehören.

Einen Handschuh sollte man schon anhaben, wenn man Kotproben sammelt ...

Nicht sehr appetitlich, aber umso interessanter: Anhand von Darmzellen, die sich am Kot befinden, können wir das Erbgut der betreffenden Hyäne auswerten.

Bitte nicht nur Aas!

Bei ihren Fahrten durch den Krater werden Oliver Höner und sein Team immer wieder Zeugen spannender Jagdszenen. Dabei bringen die Hyänen ihre Beute sehr geschickt und erfolgreich zur Strecke – ob es sich dabei um Hasen, Gazellen oder tonnenschwere Büffel handelt. Manchmal könnte man fast glauben, die Tiere wollten ihr Aasfresser-Image ganz gezielt in die Tonne kloppen. Aber das sieht nur so aus. In Wirklichkeit dürfte es ihnen ziemlich egal sein, ob wir sie für die coolsten Jäger halten. Sie wollen einfach nur satt werden. Und das schaffen sie auch.

So kann eine erfahrene Tüpfelhyäne ganz allein ein ausgewachsenes Zebra reißen, obwohl das viel größer ist als sie selbst! Sie kann sich aber auch mit bis zu 30 Artgenossen zusammentun, um gemeinsam zum Erfolg zu kommen. Dann wird es für die angepeilte Beute erst recht gefährlich. Im Ngorongoro-Krater sind es besonders häufig Gnus und Büffelkälber, die solchen Jagdgesellschaften zum Opfer fallen.

Tüpfelhyänen sind ausdauernde Läufer und können ihre Beute daher ermüden, ehe sie schließlich zuschlagen

Dank ihrer ungeheuren Beißkraft weiß eine Tüpfelhyäne selbst mit einem Schädel noch etwas anzufangen

Tote Tiere wie hier ein Flusspferd sind ein gefundenes Fressen

Anders als Löwen oder Leoparden versuchen die Hyänen dabei gar nicht erst, sich unbemerkt anzuschleichen. Statt auf den Überraschungseffekt setzen sie auf ihre Ausdauer: Sie hetzen den flüchtenden Tieren so lange hinterher, bis diese völlig erschöpft sind. Dann schlagen sie zu. Je länger so ein Wettrennen dauert, desto bessere Chancen haben die Verfolger. Es gibt nur wenige Tiere, die ihnen auf Dauer davonrennen können. Denn ihr extrem großes Herz macht Hyänen zu perfekten Langstreckenläufern, die viel Kondition haben und kaum einmal aus der Puste kommen.

Gemeinsam gelingt die Jagd am besten

Die Jagd kann auch für eine Hyäne sehr gefährlich sein. Ein Treffer mit den Hufen dieses Kudus vermag ihre Kiefer zu zerschmettern.

Ihr Körper kennt aber noch mehr Tricks, die ihnen das Jägerleben leichter machen. Zum Beispiel haben sie in ihrer Nase ein feines Geflecht aus kleinen Adern. Bei jedem Atemzug streift die Luft daran entlang und kühlt das Blut und damit auch den Körper der Hyänen ein bisschen ab. Auch nach der anstrengendsten Jagd müssen sie sich deshalb nicht erst erholen, sondern können sofort mit dem Fressen anfangen.

Selbst an große, gefährliche Tiere wie diesen Kaffernbüffel wagen sich Hyänen

Starke Abwehrkräfte

Vergammeltes Fleisch und kranke Tiere? Das klingt nicht gerade nach einer gesunden Ernährung. Tatsächlich würden viele andere Arten solche Mahlzeiten wohl kaum unbeschadet überstehen. Wir Menschen natürlich auch nicht.
Hyänen aber haben extrem starke Abwehrkräfte. Selbst von schweren Verletzungen können sie sich deshalb wieder erholen. Sie sind sogar immun gegen gefährliche Krankheiten wie Milzbrand, an denen viele andere Arten sterben können.

Meist dauert es dann nicht lange, bis von der Beute nur noch Hörner und Hufe übrig sind. Denn Hyänen verspeisen nicht nur das Fleisch, sondern auch die Knochen ihrer Opfer. Die knacken sie mit ihren extrem starken Backenzähnen. Selbst die großen Knochen von Büffeln, Giraffen oder Elefanten kriegen sie damit mühelos klein. Der besonders saure Saft in ihrem Magen hilft ihnen, das Ganze dann auch zu verdauen.

Doch nicht nur von ihrer eigenen Beute lassen die Hyänen kaum etwas übrig. Das Gleiche gilt auch, wenn sie irgendwo ein totes Tier finden. Trotz ihres Jagdgeschicks haben sie kein grundsätzliches Problem mit Aas. Es darf ruhig auch schon vergammelt sein und ein bisschen stinken: In Hyänenaugen ist das trotzdem noch eine durchaus fressbare Mahlzeit.

Wo Hyänen leben, liegt deshalb kein verwesendes Fleisch herum, das vielleicht zur Brutstätte für Krankheitserreger werden könnte. Dazu kommt, dass die vierbeinigen Jäger vor allem schwache, kranke und alte Beute erwischen. Beides ist wichtig, damit die Tierwelt in ihrem Lebensraum gesund bleibt. Hyänen haben also einen sehr wichtigen Job: Sie arbeiten als Gesundheitspolizei in getüpfelter Uniform.

Überall Diebe!

Selbst die geschicktesten vierbeinigen Jäger haben oft ein Problem: Es ist nicht unbedingt gesagt, dass sie ihre Beute auch behalten können. Denn die Savanne ist voller Diebe! So tauchen eigentlich bei jedem Riss, also jedem erlegten Tier, interessierte Schakale auf. Auch Hyänen und Löwen nehmen es mit den Besitzverhältnissen nicht so genau. Oft sehen sie gar nicht ein, warum sie selbst mühsam ein Tier reißen sollten, wenn schon jemand anders erfolgreich war. Ist es nicht viel bequemer, dem seine Beute einfach wegzunehmen? Versuchen kann man es ja mal! So sieht man im Krater fast jeden Tag, wie Tüpfelhyänen und Löwen um Beute streiten.

Solche Szenen sind auch in vielen anderen Regionen Afrikas zu beobachten. Schließlich kommen beide Raubtierarten häufig in denselben Lebensräumen vor. Beide sind zudem vor allem in der Dämmerung und nachts unterwegs. Da treffen sie natürlich immer wieder aufeinander. Wenn eine Jagdgesellschaft also einen Büffel, ein Gnu oder ein anderes großes Beutetier zur Strecke gebracht hat, bleibt das der Konkurrenz normalerweise nicht verborgen. Welche Art dabei die größere „kriminelle Energie“ entwickelt, ist schwer zu sagen: Löwen klauen mindestens so oft die Beute von Hyänen wie umgekehrt!

Mal stehlen Löwen die Beute der Hyänen, mal ist es umgekehrt. Wenn allerdings ein Löwenmännchen mitmischt, haben die Hyänen schlechte Chancen.

Einer Übermacht an Hyänen hat eine einzelne Löwin nichts entgegenzusetzen

Keiner der mächtigen Nahrungskonkurrenten ist bereit, klein beizugeben

Besonders häufig fallen dabei junge Löwenmännchen als Diebe auf, denn die sind in einer schwierigen Lage. Aus der Gruppe, in der sie geboren wurden, hat man sie als Jugendliche weggejagt. Sie haben aber auch noch kein eigenes Rudel, in dem die Weibchen für sie jagen könnten. Also knurrt den Junglöwen oft unangenehm der Magen. Kein Wunder, dass sie oft auftauchen, sobald bei anderen der Tisch gedeckt ist.

Manchmal ziehen sich die Hyänen dann zurück, bevor sie ihr Opfer überhaupt getötet haben. Dann hat die Beute vielleicht Glück und kann doch noch entwischen – ein typischer Fall von „wenn zwei sich streiten, freut sich der Dritte".

Was aber passiert bei Rangeleien um ein totes Beutetier? Das hängt von der Zusammensetzung der jeweiligen Teams ab. Mischt bei den Löwen mindestens ein ausgewachsenes Männchen mit, ist ihre Mannschaft klar im Vorteil. Schließlich ist so ein Mähnenträger doppelt so groß und drei- bis viermal so schwer wie eine Tüpfelhyäne. Da kann schon ein einziger Prankenhieb tödlich sein.

Lästige Nahrungskonkurrenten wie Geier werden rabiat vertrieben

Einem Geparden können Hyänen meist problemlos die Beute stehlen

So einen übermächtigen Gegner zu reizen, ist also eigentlich keine gute Idee. Manche Hyänen versuchen es allerdings trotzdem. Sie ärgern die Löwen so lange, bis die sich entnervt zurückziehen. Oder sie lenken sie ab und stehlen ihnen dann ein paar Knochen oder andere Leckerbissen direkt vor der Schnauze weg. Solche todesmutigen Aktionen haben allerdings schon etliche Hyänen mit dem Leben bezahlt.

Die meisten sind deshalb deutlich vorsichtiger. Sie vermeiden es, Löwenmännchen herauszufordern, und geben ihre Beute lieber freiwillig her. Meist legen sich die Hyänen dann einfach in der Nähe hin und warten ab, bis die Löwen satt sind oder es ihnen zu heiß wird. Wenn sich die starken Gegner auf die Suche nach einem Ruheplatz gemacht haben, sind gewöhnlich ja immer noch ein paar Happen übrig. Warum also sein Leben riskieren?

Wenn das Löwen-Team nur aus Weibchen und Jungtieren besteht, haben die Hyänen dagegen bessere Chancen. Dann sieht man manchmal, wie sich beide Arten eine Mahlzeit friedlich teilen. Oder die Hyänen setzen sich durch. Das schaffen sie allerdings nur, wenn sie deutlich in der Überzahl sind. Vier- bis sechsmal mehr Hyänen sollten es schon sein, damit sie den Löwen Beute abnehmen oder ihre eigene verteidigen

Schakale lauern darauf, einen Happen zu erwischen

Vorsicht, Löwen!

Wenn Löwen nachts um die Baue der Hyänen schleichen, haben sie es auf deren Babys abgesehen. Allerdings erwischen sie die nur selten. Meist schaffen es die Kleinen rechtzeitig, in ihren Bau zu rennen. Dort aber sind sie in Sicherheit. Die Gänge darin sind nämlich so eng, dass auch der schlankste Löwe nicht hineinpasst.

Viel häufiger gelingt es den Löwen, neugierige, unerfahrene und hungrige Hyänen-Jugendliche zu töten. Doch auch als Erwachsene fallen die gefleckten Raubtiere diesen gefährlichen Gegnern häufig zum Opfer. Tatsächlich gehören Löwenangriffe bei den Hyänen im Krater zu den häufigsten Todesursachen.

können. Im Ngorongoro-Krater klappt das ziemlich oft, denn dort leben fünf- oder sechsmal mehr Hyänen als Löwen. Die Reviere der getüpfelten Raubtiere sind eher klein und ihre Clans besonders groß. Da ist es also kein Problem, eine große Mannschaft zusammenzubringen.

Angeführt wird so ein Team meist von den ranghöchsten Weibchen. Die gehen mutig vorneweg und stürmen laut schreiend auf die Löwen los. Es überrascht nicht besonders, dass gerade sie sich das trauen: Diese Chefinnen bekommen nicht nur besonders viel Unterstützung aus ihrem Clan, sie haben auch am meisten von der eroberten Beute, wenn der Raubzug erfolgreich ist.

So wird man Chefin

Wer in einem Hyänen-Clan das Sagen hat, zeigt sich nicht nur, wenn es gegen die Löwen geht. Auch untereinander lassen die Tiere daran keinen Zweifel. Jedes kennt seinen Platz in der Gruppe ganz genau und verhält sich entsprechend. Wem muss ich mich unterwerfen? Und wen kann ich ungestraft herumschubsen? So etwas müssen Hyänen nicht bei jeder Begegnung neu aushandeln. Man erkennt das schon an ihrem Auftritt.

Da gibt es welche, die strotzen nur so vor Selbstbewusstsein. Schwanz in die Luft, Ohren nach vorn: Wenn sie einen Artgenossen treffen, stehen sie schon da, als gehöre ihnen die Savanne. Die ganze Körperhaltung sagt: „Leg dich lieber nicht mit mir an!" Selbst für unsere Augen ist diese Botschaft nicht schwer zu lesen – für eine unterlegene Hyäne erst recht nicht. Die zeigt dann meist auch gleich, dass sie verstanden hat und keinen Ärger will. Angelegte Ohren und gefletschte Zähne, eingezogener Schwanz und gesenkter Kopf bedeuten in der Hyänen-Sprache: „Schon gut, schon gut: Du bist der Boss!"

Eine Hyänen-Chefin trägt ihr Junges zurück zum Bau

Wobei man mit „die Chefin" meist richtiger liegt. Denn Hyänen-Clans werden normalerweise von einem Weibchen und dessen Töchtern angeführt. Die haben in so einer Gruppe das große Los gezogen. Auf Ansehen und gesellschaftliche Stellung legen Hyänen nämlich mindestens genauso viel Wert wie wir Menschen. Die Tiere an der Spitze kriegen die leckersten Happen, die bequemsten Ruheplätze, die tollsten Partner. Doch damit noch nicht genug: Sie setzen auch den meisten Nachwuchs in die Welt und leben am längsten. Kein Wunder, dass alle möglichst hoch hinauswollen und eine Menge dafür tun.

Sonderlich gerecht geht es dabei allerdings nicht zu. Der Nachwuchs der Anführerinnen ist da klar im Vorteil. Das fängt schon bei den Babys an. Die bekommen erst besonders viel Milch und später auch mehr Fleisch und Knochen als andere Jungtiere. Also wachsen sie schneller und werden damit stärker und durchsetzungsfähiger als der Nachwuchs derjenigen Clanmitglieder, die in der Rangfolge weiter unten stehen.

Erfolg hat bei Hyänen aber nicht nur mit Kraft, sondern auch mit Erziehung zu tun. Schließlich können die kleinen „Prinzessinnen" und „Prinzen" jeden Tag beobachten, wie ihre mächtige Mutter andere einschüchtert. Das nehmen sie sich dann zum Vorbild. Wenn sie erst ein paar Monate alt sind, können sie sich natürlich noch nicht mit Gewalt gegen Erwachsene durchsetzen. Doch ihre Mutter steht immer an ihrer Seite, um sie zu unterstützen. So können sie sich von klein auf antrainieren, wie man sich als Boss zu verhalten hat. Damit haben die „höheren Töchter" dann später beste Chancen, selbst an die Macht zu kommen.

Hotel Mama

Hast Du schon mal gehört, dass jemand noch im „Hotel Mama" wohnt? Damit sind Leute gemeint, die auch als Erwachsene nicht bei ihren Eltern ausziehen. Weil es dort so schön bequem ist und man sich nicht um alles selbst kümmern muss. Diese Vorteile haben auch einige junge Hyänen-Männchen erkannt. Manche von ihnen denken gar nicht ans Auswandern, sondern bleiben immer in der Gruppe, in der sie geboren wurden. Andere suchen sich zwar durchaus einen neuen Clan, kommen aber bis zu zwei Jahre lang immer mal wieder nach Hause zurück, um ihren alten hohen Rang auszunutzen – und sich mal wieder richtig den Bauch vollzuschlagen.

Auch die Söhne haben zunächst eine gute Ausgangsposition. Alle Clanmitglieder, die im Rang unterhalb ihrer Mutter stehen, können sie bedenkenlos herumschubsen. Allerdings ist das für sie oft ein Chefposten auf Zeit. Die meisten Männchen verlassen im Alter von etwa drei Jahren nämlich ihre Gruppe, um sich anderswo einen neuen Clan zu suchen. Dann ist es vorbei mit dem Führungsanspruch: In der Fremde müssen sie neu anfangen, und zwar ganz von unten. Zwar können sie sich nach und nach wieder hocharbeiten. An den Weibchen kommen sie dabei aber nie vorbei.

Aber warum eigentlich nicht? Gibt es irgendeine „Karrierebremse" speziell für Männchen? Lange war das ein echtes Rätsel der Hyänen-Forschung. Liegt es vielleicht einfach daran, dass die Weibchen ein bisschen schwerer und kräftiger sind? Oder wollen sich die Männchen beliebt machen und halten sich deshalb lieber zurück? Es nützt ja nichts, den Boss zu spielen, wenn man dann keine Partnerin findet.

Das klingt zwar alles ganz logisch, aber nach ihren vielen Jahren im Krater glauben Oliver Höner und sein Team, dass Körpergröße und Partnersuche in dieser Sache gar nicht so wichtig sind. Wer bei den Hyänen die Macht übernehmen will, braucht vor allem eins: Freunde! Und zwar möglichst viele.

Wenn es Streit gibt, ist nämlich entscheidend, wer wie viele Unterstützer hat. Die müssen gar nicht unbedingt in eine Prügelei eingreifen oder überhaupt anwesend sein. Es reicht, wenn es sie gibt. Das funktioniert ein bisschen wie der Heimvorteil bei einem Fußballspiel: Die jubelnden Zuschauer stehen ja auch nicht selbst auf dem Platz und schießen Tore. Aber sie geben ihrer Mannschaft Selbstvertrauen. Ein ähnliches Gefühl scheinen auch Hyänen mit einer großen Anhängerschaft zu haben: Sie sind selbstbewusster und trauen sich eher zu, mit ihren Gegnern fertigzuwerden. Mit dieser Einstellung schaffen sie das dann auch.

Beim Streit ums Futter kommt es auf die Rangfolge innerhalb des Clans an

Als Hyänen-Chefin braucht man viele Freunde!

Die Rangfolge wird immer wieder bestätigt

Eigentlich gilt das zwar für beide Geschlechter. Nur haben die Weibchen normalerweise viel mehr „Fans“. Denn da sie zu Hause bleiben, können sie in aller Ruhe ihre alten Freundschaften pflegen und immer wieder neue schließen. Die Männchen dagegen stehen erst mal ganz allein da, wenn sie in eine neue Gruppe kommen. Es sei denn, sie haben einen Zwillingsbruder, der mit ihnen ausgewandert ist. Aber auch zu zweit ist man unter bis zu 130 anderen Hyänen immer noch ziemlich einsam.

Da müssen die Neuen zunächst zusehen, dass sie neue Kumpel gewinnen. Mit deren Hilfe können sie dann andere Männchen in Schach halten, die noch später zum Clan gestoßen sind. So haben sie die Chance, ein paar Ränge aufzusteigen. Bis es so weit ist, kann es allerdings Jahre dauern. Klingt frustrierend, oder? Aber versuchen müssen sie es. Denn wer als Hyäne keine Karriere macht, hat auch schlechtere Chancen, Vater zu werden.

Das Zurücklegen der Ohren und Zeigen der Zähne bedeutet Unterwürfigkeit

Das unterwürfige Tier links erweist der Chefin seinen Respekt

Weniger Stress, mehr Junge

Siegertypen haben es einfach leichter, auch bei den Hyänen. Zwar können sich selbst die erfolgreichsten Männchen im Clan nicht an den Weibchen vorbeimogeln. Mehr Einfluss als ihre eigenen Geschlechtsgenossen aber können sie durchaus erreichen. Das ist schon mal eine Menge wert: Männchen mit einem hohen Rang zeugen nämlich besonders viel Nachwuchs.

Ein „Siegertyp" zeigt schon durch seine selbstbewusste Körperhaltung seinen hohen Rang

Lange haben sich Oliver Höner und sein Team gefragt, warum das so ist. Können Karriere-Männchen die Konkurrenz ausbooten, weil sie einfach kräftiger sind? Oder wirken sie in den Augen der Weibchen attraktiver? Ausgerechnet die mühsam eingesammelte Hyänenkacke hat hier eine überraschende Antwort geliefert. Mehr als 400 dampfende Haufen haben die Forscherinnen und Forscher aus der Savanne geholt, eingefroren und später im Labor untersucht. Dann war klar: Ihren Erfolg bei der Familiengründung verdanken die ranghohen Väter weder ihrer Stärke noch ihrer Schönheit, sondern ihrem entspannteren Lebenswandel!

Traumprinz gesucht!

Bei Hyänen entscheiden die Weibchen, mit wem sie eine Familie gründen. Dabei sind sie sehr wählerisch. Schließlich stecken sie viel Zeit und Energie in ihren Nachwuchs. Da kommt als Vater nicht einfach irgendwer infrage. Am liebsten wählen sie Männchen, die nach ihrer Geburt eingewandert sind oder die nach ihnen geboren wurden. Denn so besteht nicht die Gefahr, dass sie sich aus Versehen mit ihrem Vater oder Onkel paaren. Das könnte nämlich beim Nachwuchs zu gesundheitlichen Problemen führen.
Doch auch das Verhalten der Bewerber spielt eine wichtige Rolle. „Machos", die ordentlich auf den Putz hauen oder sogar aggressiv werden, kommen gar nicht gut an. Beliebt sind dagegen freundliche Männchen, die an langfristigen Beziehungen interessiert sind. Wenn die Weibchen ein Männchen ablehnen, hat es keine Chance, trotzdem zum Zuge zu kommen.

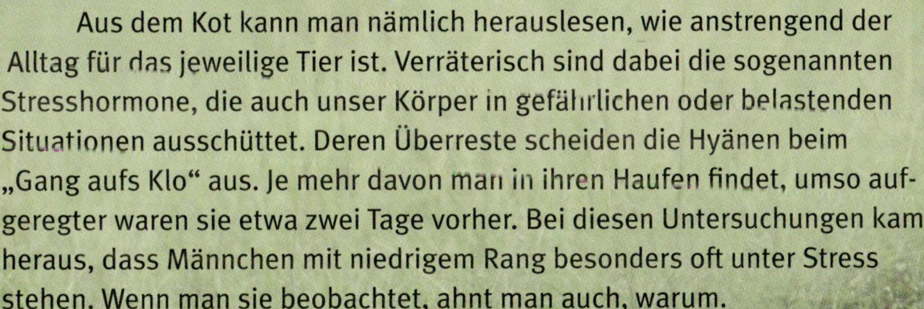

Aus dem Kot kann man nämlich herauslesen, wie anstrengend der Alltag für das jeweilige Tier ist. Verräterisch sind dabei die sogenannten Stresshormone, die auch unser Körper in gefährlichen oder belastenden Situationen ausschüttet. Deren Überreste scheiden die Hyänen beim „Gang aufs Klo" aus. Je mehr davon man in ihren Haufen findet, umso aufgeregter waren sie etwa zwei Tage vorher. Bei diesen Untersuchungen kam heraus, dass Männchen mit niedrigem Rang besonders oft unter Stress stehen. Wenn man sie beobachtet, ahnt man auch, warum.

Streit wird bei den getüpfelten Raubtieren zwar fast nie mit roher Gewalt ausgetragen, Beißereien sind selten. Aber es gibt ja auch noch elegantere Methoden, um andere unter Druck zu setzen. Da reicht es oft schon, wenn ein überlegenes Männchen schnell und selbstbewusst auf ein unterlegenes zurennt. Das macht sich dann meist freiwillig vom Acker – und lässt seinen Frust anschließend oft an einem Tier aus, das in der Rangordnung noch weiter unten steht.

In unseren Augen sieht das alles zwar nicht so richtig aggressiv und bedrohlich aus. Aber die Hormone zeigen, dass die Unterlegenen das trotzdem als Stress empfinden. Kein Wunder: Da wird man angepöbelt und hat kaum Verbündete, die einem helfen könnten. Oder die einen anschließend zumindest trösten und wieder aufbauen würden. Auch das könnte ja schon helfen, sich wieder zu entspannen. Das ist bei Hyänen nicht anders als bei Menschen.

Die Verlierer der Clans sind also in einer ziemlich blöden Lage: Sie bekommen besonders häufig die schlechte Laune ihrer Artgenossen ab. Wenn dann mal wieder jemand auf ihnen herumhackt, müssen sie ihren Frust auch noch allein verarbeiten. Manchmal haben sie davon einfach die Schnauze voll und wollen nur noch ihre Ruhe haben. Dann sieht man sie oft weit weg vom Rest des Clans an einem Knochen kauen oder in einer kühlen Pfütze liegen. Bloß keinen sehen, der einem noch weiter auf den Nerven herumtrampelt!

Je niedriger der Rang eines Tieres ist, umso häufiger nimmt es sich solche Auszeiten. Kann man verstehen, oder? Allerdings hat die Sache einen

Das Leben im Clan ist kein Zuckerschlecken – zumindest nicht für rangniedere Tiere

Wer immer nur „gemobbt“ wird, zieht sich auch mal gerne allein zurück

Die im Rang am höchsten stehenden Männchen haben letztlich auch den meisten Nachwuchs

Haken. Denn solange ein Männchen allein in der Savanne herumlungert, kommt es in Sachen Familiengründung keinen Schritt weiter. Hyänenweibchen sind nämlich ziemlich anspruchsvoll. Wer Vater ihrer Kinder werden will, muss ihnen auf Schritt und Tritt folgen, viel Zeit mit ihnen verbringen und immer wieder sein Interesse zeigen. Wer nicht zu lange für sein eigenes Wellness-Programm braucht, ist also klar im Vorteil. Und genau das könnte der Grund dafür sein, dass höhergestellte Männchen mehr Junge haben.

Klein, aber fit

Die Aufgabe, aus neugeborenen „Hyänenzwergen“ möglichst kräftige, gesunde und durchsetzungsfähige Jugendliche zu machen, übernehmen allein die Mütter. Das ist ein ziemlich anstrengender Job, denn kleine Hyänen sind von der ersten Stunde an Energiebündel auf vier Pfoten.

Da können andere Raubtierbabys bei Weitem nicht mithalten. Neugeborene Hunde oder Katzen zum Beispiel sind anfangs völlig hilflos: Zahnlose, blinde und taube Winzlinge, die noch kaum etwas können außer schlafen und Milch trinken. Selbst Wolfswelpen wiegen bei ihrer Geburt nur zwischen 300 und 500 Gramm und brauchen ungefähr zwei Wochen, um überhaupt die Augen aufzumachen. Da sind Hyänenbabys doch ganz andere Kaliber. Sie bringen schon am ersten Tag ungefähr anderthalb Kilo auf die Waage, also etwa so viel wie anderthalb Liter-Tüten Milch. Außerdem sind sie die einzigen Raubtiere, die mit offenen Augen und ziemlich kräftigen Zähnen auf die Welt kommen.

Aber wozu brauchen sie die so früh schon? Dazu gibt es einen interessanten Verdacht: Vielleicht geht es ja darum, sich gegen die eigenen Geschwister durchzusetzen? Zwar sind einige Tüpfelhyänen „Einzelkinder“, oft werden aber Zwillinge und ganz selten sogar Drillinge geboren. Und es gibt wohl kein anderes Raubtier, bei dem die Konkurrenz im Wurf so stark ist. Selbst Neugeborene fangen schon an, sich zu prügeln, und gehen dabei ziemlich aggressiv zur Sache. Oliver Höner hat selbst gesehen, wie wenige Stunden alte Zwillinge immer wieder aufeinander losgingen.

Dafür gibt es durchaus Gründe. Denn wer schon als kleine Hyäne seinen Bruder oder seine Schwester unterbuttert, hat oft sein ganzes Leben lang Vorteile davon. Das fängt schon mit besseren Überlebenschancen in der Kindheit an. Wenn zum Beispiel das Futter knapp wird, kann es durchaus sein, dass nur das stärkere der beiden Babys durchkommt. Aber selbst wenn beide erwachsen werden, hinterlassen die Kämpfe der ersten Wochen ihre Spuren: Wer damals schon auf der Verliererseite war, bleibt es normalerweise auch.

Im Gegensatz zu anderen Raubtieren haben junge Hyänen von Anfang an geöffnete Augen

Schon kurz nach ihrer Geburt sind junge Hyänen erstaunlich weit in ihrer Entwicklung

Wie das Zusammenspiel im Clan funktioniert, lernen die Kleinen früh

Das sieht man sehr gut bei Zwillingsschwestern. Die Überlegene der beiden setzt mehr Junge in die Welt. Jedes Mal, wenn sie oder eine ihrer Töchter einen neuen Wurf aufziehen, rückt die unterlegene Schwester mit ihrem Nachwuchs zudem in der Rangfolge ein Stück nach hinten, bis sie irgendwann ganz tief unten in der Hyänengesellschaft angekommen ist. Das will natürlich keiner. Also versuchen alle, ihren Geschwistern schon von Anfang an zu zeigen, wo der Hammer hängt. Daher also krabbeln sie schon am ersten Tag mit offenen Augen und einsatzbereiten Zähnen durch die Höhle, in der sie geboren wurden.

Die Aufzucht der Jungen übernimmt allein das Muttertier

In dieser Kinderstube verbringen sie bis zu drei Wochen allein mit ihrer Mutter und ihrem Geschwisterchen. Dann aber steht ein Umzug in den Gemeinschaftsbau des Clans an. Schließlich sollen aus den Kleinen ja keine Einsiedler werden, sondern Mitglieder in einem Team. Somit müssen sie lernen, wie das Zusammenleben in der Gruppe funktioniert.

Die Welt ist ganz schön spannend!

Dafür bietet so ein „Hyänen-Kindergarten“ eine Menge Gelegenheiten. Denn dort trifft der Nachwuchs nicht nur auf fremde Erwachsene, sondern auch auf einen bunt zusammengewürfelten Haufen von Spielgefährten: Weil Hyänen das ganze Jahr über geboren werden können, sind da oft Ältere und Jüngere, Kräftigere und Schwächere dabei. Und alle müssen untereinander irgendwie klarkommen.

Gesäugt wird jedes Tier allerdings nur von seiner Mutter. Die hat für ihren Nachwuchs den perfekten Energy-Drink: Eine extrem eiweiß- und fettreiche Milch, mit deren Hilfe junge Hyänen sehr schnell wachsen. Wenn Oliver Höner und sein Team die Kleinen wiegen, staunen sie manchmal selbst: Da gibt es welche, die 120 Gramm pro Tag zunehmen! Das ist mehr, als eine normale Tafel Schokolade wiegt, und für so kleine Kerlchen ganz schön viel.

Im Zusammenleben mit den Geschwistern und anderen Jungtieren heißt es für junge Hyänen von Anfang an, sich durchzusetzen und einen möglichst hohen Platz in der Rangfolge zu erobern

Die Milch macht's

In der Milch von Hyänen stecken fast 15 Prozent Eiweiß und gut 14 Prozent Fett. Damit bieten sie ihrem Nachwuchs den eiweißreichsten Trunk von allen Land-Raubtieren. Beim Fettgehalt können nur die Seeotter und manche Bären mithalten.
Im Meer schwimmen allerdings Mütter, die noch gehaltvollere Getränke im Angebot haben: Die Milch von Blauwalen besteht fast zur Hälfte aus Fett! Im Vergleich dazu ist die Milch menschlicher Mütter mit etwa vier Prozent Fett schon fast ein Diätgetränk.

Im Alter von zwei bis drei Monaten sind die Tiere dann groß und fit genug, um ihre Umgebung zu erkunden. Sie finden sich zwar immer besser im Hyänen-Alltag zurecht, aus dem Kindergarten-Alter sind sie damit aber noch nicht raus: Sie bleiben noch am Gemeinschaftsbau, bis sie zwischen fünf und sieben Monate alt sind.

Dabei ist durchaus schon Selbstständigkeit gefragt, denn wenn die Erwachsenen auf die Jagd gehen, bleibt der Nachwuchs allein zurück – ohne Aufsicht oder Beschützerinnen. Damit kommen kleine Hyänen auch ganz gut zurecht. Falls Löwen oder andere Feinde auftauchen, können sie ja jederzeit in die engen Gänge des Baus flüchten. Da sind sie normalerweise sicher. Einen Nachteil hat die sturmfreie Bude allerdings: Solange ihre Mutter unterwegs ist, müssen die Jungen ohne Milch, Wasser oder Futter auskommen. Manchmal tagelang! Da sind sie dann doch froh, wenn die Milchbar endlich wieder geöffnet hat.

Die meisten jungen Hyänen werden mehr als ein Jahr gesäugt, manche kommen sogar bis zu zwei Jahre in diesen Genuss. Da Hyänenweibchen auch sonst sehr fürsorglich sind, hat ihr Nachwuchs viel bessere Überlebenschancen als derjenige anderer Raubtiere.

Wenn die Großen auf Nahrungssuche gehen, ...

... bleiben die Kleinen allein zurück

Eine Radkappe ist schnell mal „abmontiert“

Hyänen sind recht neugierig und erforschen gerne ihre Umwelt

Wer nachts durch die Siedlung schleicht, macht sich schon mal verdächtig

Märchen und Wahrheit

Wenn junge Tüpfelhyänen so richtig aufdrehen, geht schon mal was kaputt. In der richtigen Stimmung schaffen sie es zum Beispiel problemlos, einen Geländewagen in seine Einzelteile zu zerlegen. Dann erinnern sie verdächtig an eine Gang von Teenagern, die randalierend durch die Gegend zieht und Ärger macht. Vielleicht sind es ja solche Ähnlichkeiten mit uns Menschen, die den Hyänen einen so schlechten Ruf eingetragen haben?

Auch in anderen Situationen kommt einem ihr Verhalten erstaunlich bekannt vor. Da ist vor allem ihr berühmtes „Lachen“. Das hört sich tatsächlich ganz ähnlich an wie das eines Menschen. So richtig harmlos und fröhlich klingt eine lachende Hyäne allerdings nicht. Eher wie jemand, der kurz vorm Durchdrehen ist. Wer dieses Geräusch nicht kennt, den kann es schon in Angst und Schrecken versetzen.

Ein lautes „Lachen“ bedeutet in der Welt der Hyänen auch etwas ganz anderes als bei uns: Hyänen lassen diese Laute hören, wenn sie von überlegenen Artgenossen angegriffen werden. Sie zeigen damit also, dass sie Angst haben und unter Stress stehen. Das kann fast jedem Mitglied eines Clans passieren, außer der Anführerin. Denn die anzugreifen, traut sich einfach niemand. Deshalb sind diese Chefinnen die einzigen Hyänen, die nie „lachen“.

Tüpfelhyänen können außerdem beispielsweise sehr eindrucksvoll heulen, brüllen und knurren. Vor allem, wenn sie sich um Beute streiten, hört sich das richtig beängstigend an. Dazu kommen dann auch noch ein paar andere gewöhnungsbedürftige Verhaltensweisen. Tiere, die Knochen knacken oder in ihre Höhle schleppen, machen sich eben leicht verdächtig. Genauso wie solche, die auf der Suche nach Fressbarem lautlos durch die Nacht streifen und Mülldeponien oder Friedhöfe plündern. Wenn man das alles noch mit der Tatsache würzt, dass eine kräftige Hyäne einem Menschen durchaus gefährlich werden kann, dann ist das Verbrecher-Image perfekt. In vielen

Manchmal werden sie allerdings auch als gierige Dummköpfe beschrieben, was nicht viel schmeichelhafter ist. In vielen afrikanischen Geschichten wollen die Hyänen zum Beispiel einem Löwen oder Leoparden die Beute wegnehmen. Dazu sind sie aber nicht clever genug, sodass sie am Ende blöd aus der Wäsche gucken. Diese Erzählungen sind wohl entstanden, weil Hyänen und Löwen auch in Wirklichkeit oft um Nahrung streiten. Doch anders, als es die Märchenerzähler behaupten, gehen die Löwen dabei längst nicht immer als Sieger vom Platz. Oft sind die Hyänen auch gar nicht die Diebe, sondern diejenigen, die beklaut werden.

Der Wolken-Springer

Nicht nur gegenüber Löwen ziehen Hyänen in vielen Legenden den Kürzeren, auch von Schakalen werden sie darin oft überlistet. In einer Geschichte aus Südafrika überredet ein Schakal eine Hyäne, nach einer Wolke zu springen und sie zu fressen. Natürlich schafft sie das nicht. Also empfiehlt er ihr, noch höher zu springen. Er werde sie dann schon auffangen, falls es nicht klappen sollte. Die Hyäne lässt sich darauf ein und macht einen gewaltigen Satz. Doch der Schakal fängt sie nicht auf, sondern lässt sie auf den Boden krachen. Dabei bricht sie sich die Hinterbeine – und das ist angeblich der Grund dafür, dass bei Hyänen die Hinterbeine kürzer sind als die Vorderbeine.

Ihr „Lachen" und die nächtliche Lebensweise sorgen dafür, dass den durchaus gefährlichen Raubtieren oft mit reichlich Misstrauen begegnet wird

Hexentiere

Auch andere große Raubtiere sind bei den Menschen in ihrer Umgebung oft nicht sonderlich beliebt. Doch Hyänen scheinen einen besonders großen Gruselfaktor zu haben. In manchen arabischen Geschichten heißt es zum Beispiel, dass sie uns alle verzaubern können. Der finstere Plan dahinter: Sie wollen ihre Opfer unterwerfen, um sie in ihre Höhlen zu schleppen und dort zu verschlingen. Manchmal wird auch erzählt, dass die Tiere menschliche Laute nachmachen und damit Menschen und Hunde in den Tod locken können.

Du weißt jetzt natürlich, dass das alles nicht stimmt. Aber es gibt genug Leute, die solche „Räuberpistolen“ auch heute noch glauben. Kaum ein anderes Tier ist in den Köpfen der Menschen so stark mit dem Tod und mit Magie verbunden.

In Afrika beispielsweise spielt Hexerei in vielen Kulturen noch eine sehr wichtige Rolle. Nicht in Büchern und Filmen, sondern im täglichen Leben. Die Leute sind überzeugt davon, dass bestimmte Menschen magische Fähigkeiten haben. Diese Hexen und Zauberer sollen oft gemeinsame Sache mit Hyänen machen. In unruhigen Zeiten nehmen sie angeblich sogar deren Gestalt an. Oder sie haben die Tiere zumindest gern als vierbeinige Komplizen an ihrer Seite. Tatsächlich gibt es in Tansania Menschen, die Hyänen bei sich zu Hause halten.

Die Geschichten, die sich um diese vierbeinigen Gefährten ranken, sind so bunt wie grausam. In Tansania und Südafrika erzählt man sich, dass Hexen nachts auf Hyänen durch die Gegend reiten, manchmal auch in Begleitung von Eulen und Nashornvögeln. Angeblich nutzen die Zauberkundigen die Dienste der Raubtiere, um Tote zu finden und aus ihren Gräbern zu holen. Klingt gruselig, oder? Hat aber ungefähr so viel mit der Wirklichkeit zu tun wie das Drehbuch eines besonders unrealistischen Horrorfilms.

Hyänen werden häufig als unheimlich empfunden und daher mit Hexen und Magie in Zusammenhang gebracht

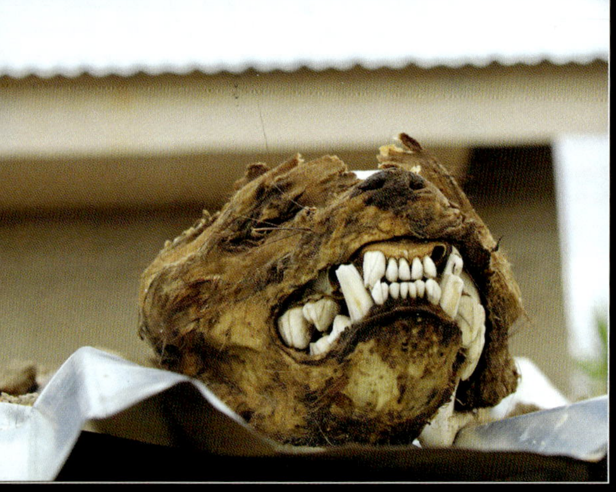

Schädel von Hyänen werden für magische Praktiken auf sogenannten Fetisch-Märkten verkauft

Magie spielt in vielen Regionen Afrikas nach wie vor eine große Rolle

Geschichten von angeblichen Hexen und ihren Hyänen sind in Afrika weit verbreitet

In anderen Geschichten sind die Tiere nicht die Komplizen der Hexen, sondern nur Lieferanten für Zauberbedarf. In einigen Regionen Asiens heißt es, dass Zähne und andere Körperteile von Streifenhyänen das Böse abwehren können. In Afghanistan verwendet man Haare aus der Mähne oder dem Schwanz von Hyänen als Liebeszauber oder als Heilmittel für Kranke. In Indien soll Hyänenfett Rheuma heilen. In Afrika ist die sogenannte „Hyänenbutter" beliebt. Die besteht aus dem „Parfüm", mit dem Hyänen ihr Revier markieren und duftende Botschaften austauschen. Für magische Rituale soll Hyänenbutter aber auch nützlich sein – als Abwehrzauber gegen Krankheiten und anderes Übel. Manchmal, so heißt es, nutzen die Hexen das Zeug auch als Öl für ihre Fackeln, damit sie genug sehen können, wenn sie auf der Suche nach Opfern durch die Nacht streifen.

Wer nachts auf eine Hyänen mit scheinbar glühenden Augen stößt, kann schon auf komische Gedanken kommen ...

Immer Ärger mit den Menschen?

In menschlicher Obhut gehaltene Hyänen können extrem zahm und anhänglich werden

Das Gerücht, ihre Körperteile hätten magische Fähigkeiten oder Heilkräfte, bezahlen Hyänen oft mit ihrem Leben, denn Jäger stellen deswegen vor allem Tüpfel-, Streifen- und Braunen Hyänen gezielt nach. Der Erdwolf dagegen bleibt meistens verschont – vielleicht, weil man ihm keine richtigen Zauberkräfte zutraut.

Es gibt aber noch einen anderen Grund, warum vor allem die drei größeren Arten immer wieder vergiftet, erschossen oder mit Hunden gejagt werden: Menschen wollen sich an ihnen rächen, weil die Hyänen Vieh oder Haustiere gerissen haben – oder weil man ihnen das zumindest unterstellt. Braune Hyänen vergreifen sich nur sehr selten an Rindern, Schafen und Co. Das glauben viele Bauern aber nicht und töten sie trotzdem.

Tüpfel- und Streifenhyänen dagegen können für das Vieh und auch für Menschen tatsächlich gefährlich werden, vor allem, wenn sie Tollwut haben. Diese Krankheit ist in Afrika ein großes Problem. Immer wieder werden Hyänen von tollwütigen Haushunden gebissen und dadurch angesteckt. Die Tollwut-Erreger aber verändern das Verhalten der Tiere. Sie werden aggressiv und greifen dann auch Vieh und Menschen an. Dabei können sie ihre Opfer schwer verletzen oder sogar töten. Wenn so etwas passiert, starten Menschen oft richtige Rachefeldzüge gegen die Hyänen.

Tollwut

Tollwut ist eine gefährliche Krankheit, die normalerweise durch den Biss eines infizierten Tieres übertragen wird. Mit dessen Speichel gelangen die Tollwut-Viren in die Blutbahn. Dann lösen sie eine Gehirnentzündung aus, die ohne Behandlung oft tödlich endet. Auch in Deutschland kam die Krankheit früher vor, vor allem Füchse waren häufig betroffen. Dann aber wurden viele Tiere mit speziellen Ködern geimpft. Dadurch ist die Tollwut in Europa heute selten geworden.

In anderen Fällen werden Hyänen dagegen eher aus Versehen getötet. So sterben viele bei Verkehrsunfällen oder geraten in Fallen, die eigentlich für andere Tiere aufgestellt wurden. Erdwölfe haben auch ein großes Problem mit Insektenbekämpfungsmitteln. In Afrika können gefräßige Heuschrecken und Termiten großen Schaden anrichten. Also bekämpft man die Insekten mit Chemikalien – und vergiftet damit auch die Mahlzeiten der Termitenfresser. In manchen Regionen gehen die kleinen Hyänen dadurch stark zurück oder verschwinden sogar ganz.

Durch den Einsatz von Giften kommen auch Termiten damit in Kontakt, die Hauptnahrung des Erdwolfs. Dadurch gelangen die Giftstoffe letztlich in den Körper der kleinen Raubtiere.

Das Verhältnis von Mensch und Hyäne ist nicht ganz einfach

Trotzdem müssen wir wohl nicht befürchten, dass es auf der Erde bald gar keine Erdwölfe mehr geben wird. Wie bedroht einzelne Arten sind, kann man auf der „Roten Liste" nachschauen, die von der internationalen Naturschutzorganisation IUCN („International Union for Conservation of Nature") herausgegeben wird. Dort finden sich der Erdwolf und die Tüpfelhyäne in der Kategorie „nicht gefährdet". Die Streifenhyäne und die Braune Hyäne gelten dagegen als „möglicherweise gefährdet", weil es von diesen Arten weltweit wohl nur noch weniger als 10 000 erwachsene Tiere gibt.

Die gute Nachricht ist also: Keine der Hyänenarten steht bisher kurz vor dem Aussterben. Doch so weit soll es ja auch gar nicht erst kommen. Zumal zum Beispiel die Tüpfelhyänen ihre Aufgabe als Gesundheitspolizei nur erfüllen können, wenn es ziemlich viele von ihnen gibt. Deshalb müssen Forscherinnen und Forscher auch bei den noch nicht bedrohten Arten genau aufpassen, wie sich die Bestände entwickeln. Dabei haben sie festgestellt, dass Erdwölfe, Tüpfel- und Streifenhyänen vor allem außerhalb der Schutzgebiete immer seltener werden. Die Streifenhyänen müssen wohl bald sogar als „gefährdet" eingestuft werden, wenn ihre Bestände weiter so stark schrumpfen.

Am Rückgang der Tiere sind nicht nur Jäger und Unfälle schuld. Alle Hyänenarten haben auch damit zu kämpfen, dass durch die Aktivitäten der Menschen ihre Lebensräume kleiner und ihre Beutetiere weniger werden.

Der Straßenverkehr stellt für Hyänen eine große Gefahr dar

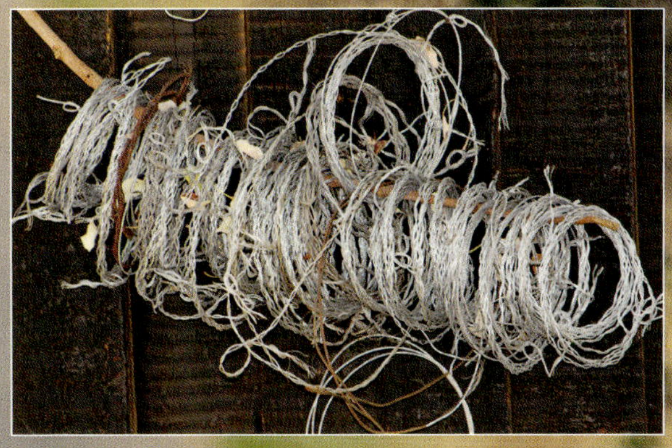
Durch solche Schlingenfallen sterben in Afrika unzählige Tiere, darunter auch Hyänen

Überfahrene Tiere locken Hyänen an – und die fallen dann manchmal selbst Autos zum Opfer

Die Stadt der Hyänen

Das alles klingt ein bisschen frustrierend, oder? Man könnte fast denken, es gäbe nur Stress zwischen Hyänen und Menschen. Aber so ist es nun auch nicht. Manchmal kommen beide sogar erstaunlich gut miteinander aus. Zum Beispiel in der Stadt Harar, die in Äthiopien im Nordosten Afrikas liegt. Bei den Bauern, die dort in der Umgebung Kautabak anpflanzen, sind Hyänen ziemlich beliebt. Denn erstens vertreiben die Tiere nachts Diebe von den Feldern und zweitens fressen sie gerne die kleinen Antilopen, die sich mit Vorliebe über die Tabakblätter hermachen.

Doch auch die Stadtbewohner haben viel für ihre Nachbarn auf vier Pfoten übrig. Aus alten Büchern weiß man, dass die Tüpfelhyänen seit ewigen Zeiten nachts die Abfälle aus Harar holen. Schon vor mindestens 500 Jahren landete der Biomüll dort im Raubtiermagen statt in der Tonne. Das war natürlich für beide Seiten praktisch: Die Harari hatten eine saubere Stadt und die Hyänen eine gute Futterquelle.

In Harar leben Mensch und Hyäne seit Jahrhunderten friedlich zusammen

Ärger gab es allerdings, als im 19. Jahrhundert eine schwere Hungersnot ausbrach. Man erzählt sich, dass damals die Hyänen auf der Suche nach Nahrung auch das Vieh angriffen. Das soll zu einer Art Krieg zwischen Hyänen und Menschen geführt haben – bis ein Mann im Traum eine Lösung zu sehen glaubte: Ein Haferbrei mit viel Butter, so behauptete er, würde die Raubtiere besänftigen.

Ob sich im Müll noch etwas Fressbares findet?

Darauf muss man erst mal kommen, oder? Aber es soll tatsächlich geklappt haben. Seither gibt es in Harar jedes Jahr ein spezielles Fest, das an den neuen Pakt zwischen Hyänen und Menschen erinnert. Zu dem Anlass wird immer noch Brei mit Butter für die Tiere zubereitet. Dabei müssen sich die Köche unbedingt Mühe geben! Denn die Leute glauben, dass ihnen ein erfolgreiches Jahr bevorsteht, wenn die Hyänen-Chefinnen mehr als die Hälfte des Breis fressen. Bleibt dagegen viel oder sogar alles übrig, muss eine bessere Mahlzeit für die Tiere her. Dann versammeln sich die Harari sicherheitshalber an heiligen Stätten und beten, um eine Hungersnot abzuwenden.

Es ist aber nicht nur dieser eine Feiertag im Jahr, an dem die Hyänen in Harar Leckerbissen abstauben können. Vor ungefähr 60 Jahren hat der erste Bauer sie mit Fleischresten „bestochen“, damit sie sein Vieh nicht angriffen. Auch dieser Brauch hat sich bis heute gehalten: Jede Nacht bringen die „Hyänenmänner“ von Harar Schlachtabfälle hinaus vor die Stadtmauer. Diese Fütterung lockt inzwischen nicht nur Hyänen an, sondern auch viele Touristen, die das Schauspiel miterleben wollen. Die Männer kennen alle Tiere persönlich und wissen, wer welchen Rang bekleidet. Mit Pfiffen und Rufen können sie einzelne Hyänen anlocken wie Hunde. Sie haben ihnen sogar Namen gegeben. Zumindest in Harar scheint das Sprichwort also tatsächlich zu stimmen: Es gibt keine Hyäne ohne Freunde!

Weltweit könnten die Tiere allerdings noch deutlich mehr Freunde gebrauchen. Das hätten sie auch verdient, oder? Denn selbst wenn sie manchmal ein bisschen zwielichtig wirken, gibt es doch eine Menge Gutes über sie zu sagen. Nicht nur, weil sie nützliche Müllbeseitiger, Gesundheitspolizisten und Recycling-Profis sind, sondern auch wegen ihrer persönlichen Stärken: Hyänen können gut mit anderen zusammenleben, arbeiten perfekt im Team und geben nicht so schnell auf. Man könnte sie fast für unverwüstlich halten, so gut kommen sie in den unterschiedlichsten Lebenslagen zurecht. Zudem sind sie sportlich, ausdauernd und mutig genug, um es jeden Tag mit Löwen aufzunehmen, obwohl die doppelt so groß und

Zur üblichen Zeit finden sich die Hyänen in Harar ein – sie wissen genau, wo und wann sie Futter bekommen

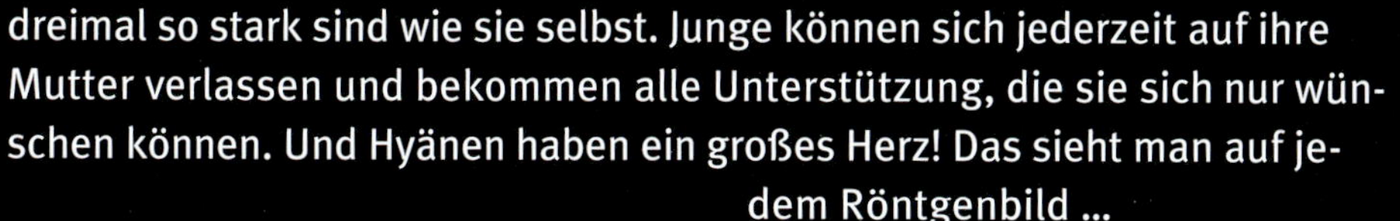

dreimal so stark sind wie sie selbst. Junge können sich jederzeit auf ihre Mutter verlassen und bekommen alle Unterstützung, die sie sich nur wünschen können. Und Hyänen haben ein großes Herz! Das sieht man auf jedem Röntgenbild ...

Ist das nicht eine Liste von Eigenschaften, die viele Menschen an ihren Freundinnen und Freunden zu schätzen wissen? Wir sind jedenfalls schon lange Mitglied im Hyänen-Fanclub. Du jetzt vielleicht auch?

Die Fütterungen sind ein eindrucksvolles Schauspiel

Da die Hyänen in Harar so zahm geworden sind, können auch Touristen an den Fütterungen teilnehmen

Großes Hyänen-Quiz

Du hast nun schon viel über Hyänen gelesen. Bestimmt weißt Du jetzt mehr über diese spannenden Tiere als viele Erwachsene. Hast Du Lust, Dein Wissen zu testen? Dann kreuze mit Bleistift die Antwort an, die Du für die richtige hältst. Die Antworten findest Du auf Seite 64. Viel Spaß!

1. Welche Tiere sind die nächsten Verwandten der Hyänen?

a) Katzen ❍
b) Hunde ❍
c) Mangusten ❍

2. Wie viele Hyänenarten gibt es?

a) Vier ❍
b) Sechs ❍
c) Mehr als 20 ❍

3. Wann haben bei uns in Europa zuletzt Hyänen gelebt?

a) Vor etwa hundert Jahren ❍
b) Während der letzten Eiszeit ❍
c) Außer im Zoo haben bei uns noch nie Hyänen gelebt ❍

4. Wo leben Hyänen heute?

a) Nur in Afrika ❍
b) In Afrika und Asien ❍
c) In Afrika, Asien und Südamerika ❍

5. Fressen alle Hyänen Fleisch?

a) Ja, das ist das Einzige, was sie mögen ❍
b) Nein, es gibt unter ihnen auch Pflanzenfresser ❍
c) Nein, bei manchen stehen nur Insekten auf dem Speiseplan ❍

6. Fressen Tüpfelhyänen vor allem Aas?

a) Nein. Sie fressen zwar auch Aas, leben aber vor allem von selbst gejagter Beute ❍
b) Nein. Sie mögen überhaupt kein Aas, weil sie sich sonst gefährliche Krankheiten einhandeln würden ❍
c) Ja. Genau wie Streifenhyänen und Braune Hyänen ernähren sie sich hauptsächlich von toten Tieren ❍

7. Wie viel Fleisch kann eine Tüpfelhyäne auf einmal fressen?

a) 3 Kilogramm ❍
b) 6 Kilogramm ❍
c) 15 Kilogramm ❍

8. Was passiert, wenn sich Tüpfelhyänen und Löwen um Beute streiten?

a) Die Löwen gewinnen ❍
b) Die Hyänen gewinnen ❍
c) Je nach Situation setzen sich mal die einen und mal die anderen durch ❍

9. Kann man bei Tüpfelhyänen Männchen und Weibchen unterscheiden?

a) Nein. Diese Tiere können ihr Geschlecht wechseln ❍
b) Ja. Das ist aber schwierig, weil sich beide Geschlechter sehr ähnlich sehen ❍
c) Ja. Das ist ganz einfach, weil die Weibchen ungefähr doppelt so groß sind wie die Männchen ❍

10. Wer hat in einem Clan von Tüpfelhyänen das Sagen?

a) Die Weibchen ❍
b) Die Männchen ❍
c) Niemand. Alle sind gleichberechtigt ❍

11. Was sollte ein Hyänenmännchen tun, wenn es eine Partnerin von sich überzeugen will?

a) Futter als Geschenk mitbringen, zum Beispiel eine leckere Gazelle ❍
b) Viel Zeit mit ihr verbringen, um zu kuscheln und zu spielen ❍
c) Aber mal so richtig ordentlich auf den Putz hauen und zeigen, wie stark, flink und fit man ist ❍

12. Wie viele Babys kommen in einem Wurf von Tüpfelhyänen zur Welt?

a) Eins oder zwei ❍
b) Drei bis sieben ❍
c) Mehr als zehn ❍

13. Warum werden kleine Tüpfelhyänen mit offenen Augen und kräftigen Zähnen geboren?

a) Das ist nur Zufall und hat keinen bestimmten Grund ❍
b) Damit sie schnell selbstständig werden und alleine jagen können ❍
c) Damit sie sich gegen ihre Geschwister durchsetzen können ❍

14. Wo verbringen Junge der Tüpfelhyäne den größten Teil ihrer Zeit?

a) In der offenen Savanne. Wenn Gefahr droht, verstecken sie sich einfach im hohen Gras ❍
b) In einem Bau mit engen Gängen, in denen sie vor Feinden sicher sind ❍
c) Auf Hügeln, wo sie eine gute Aussicht haben und Feinde deshalb früh entdecken können ❍

15. Wie lange säugen Tüpfelhyänen ihren Nachwuchs?

a) 6 oder 7 Wochen, ähnlich wie Hunde ❍
b) 7 bis 18 Monate, je nach Rang der Mutter ❍
c) 5 bis 7 Jahre, wie Orang-Utans ❍

16. Welche Rolle spielen die Väter im Leben kleiner Tüpfelhyänen?

a) Eine sehr wichtige, weil sie ihren Nachwuchs gegen Feinde verteidigen ❍
b) Eine sehr wichtige, weil sie den Kleinen das Jagen beibringen ❍
c) Gar keine. Die Väter kümmern sich nicht um ihre Jungen ❍

17. Wie kann man herausfinden, ob eine Hyäne häufig Stress hat?

a) Man untersucht ihren Kot ❍
b) Man misst ihren Herzschlag ❍
c) Gestresste Hyänen haben ein stumpfes und dünnes Fell ❍

18. Was bedeutet es, wenn eine Hyäne „lacht"?

a) Sie ist entspannt und fühlt sich wohl ❍
b) Sie ist auf der Suche nach einem Partner ❍
c) Sie hat Angst ❍

19. Über Hyänen gibt es viele Märchen und Geschichten. In welcher Rolle treten sie häufig auf?

a) Als unheimliche Begleiter von Hexen ❍
b) Als Glückstiere, die Reichtum und Erfolg bringen ❍
c) Als mutige Helden, die Räuber in die Flucht schlagen ❍

20. Schau doch mal in unsere Hyänen-Kartei: Erkennst Du, welches Tier auf diesem Bild zu sehen ist?

a) Malkia ❍
b) Naibor ❍
c) Rasuli ❍

Malkia

Naibor

Rasuli

Lösungen zum Hyänen-Quiz:

1) c: Die nächsten Verwandten der Hyänen sind die Mangusten, zu denen zum Beispiel die Erdmännchen gehören.

2) a: Zur Familie der Hyänen gehören die Tüpfelhyäne, die Streifenhyäne, die Braune Hyäne und der Erdwolf.

3) b: Während der letzten Eiszeit haben in Europa Höhlenhyänen gelebt.

4) b: Hyänen kommen heute in Afrika und Asien vor.

5) c: Erdwölfe fressen fast nur Termiten.

6) a: Tüpfelhyänen sind gute Jäger, die vor allem selbst gefangene Beute fressen.

7) c: 15 Kilo. Das ist etwa ein Viertel ihres Körpergewichts!

8) c: Wenn kein Löwenmännchen dabei ist, haben die Hyänen durchaus eine Chance, ihre Beute zu verteidigen.

9) b: Man kann die Geschlechter unterscheiden, aber manchmal ist das sogar für Fachleute schwierig.

10) a: Die Clans werden fast immer von einem Weibchen angeführt.

11) b: Hyänenweibchen achten darauf, dass Männchen viel Zeit mit ihnen verbringen und immer wieder ihr Interesse zeigen.

12) a: Tüpfelhyänen-Mütter werfen normalerweise ein oder zwei, ganz selten auch mal drei Junge.

13) c: Junge Tüpfelhyänen kämpfen schon kurz nach ihrer Geburt um ihren sozialen Rang.

14) b: Ihre ersten Wochen verbringen Hyänenbabys in einem Bau, in dessen schmale Gänge ihnen Löwen und andere Feinde nicht folgen können.

15) b: Je nach Rang der Mutter bekommen die Kleinen zwischen sieben und 18 Monate lang Milch.

16) c: Männliche Tüpfelhyänen kümmern sich nicht um ihren Nachwuchs.

17) a: Im Kot kann man Hormone finden, die der Körper der Tiere bei Stress produziert.

18) c: Hyänen „lachen“, wenn sie angegriffen werden. Es ist also ein Zeichen von Angst und Stress.

19) a: Hyänen haben einen ziemlich schlechten Ruf und sollen den Hexen beim Zaubern helfen.

20) a: Malkia. Du erkennst sie an den Tüpfeln auf dem Hinterbein: Die bilden eine horizontale Linie aus vier Punkten und darunter ein Muster aus fünf Punkten.

Entdecke die Reihe mit der Eule!

Entdecke die Eulen

Entdecke die Greifvögel

Entdecke die Geier

Entdecke die Rabenvögel

Entdecke die Spechte

Entdecke die Finken

Entdecke die Spatzen

Entdecke die Eisvögel

Entdecke die Zugvögel

Entdecke die Singvögel

Entdecke die Meisen

Entdecke die Kraniche

Entdecke die Störche

Entdecke Schwäne, Gänse & Enten

Entdecke die Möwen

Entdecke die Pinguine

Entdecke die Papageien

Entdecke die Kolibris

Entdecke die Fledermäuse

Entdecke die Hunde

Entdecke die Kühe

Entdecke die Pferde

Entdecke die Esel

Entdecke die Nagetiere

Entdecke die Igel

Entdecke die Maulwürfe

Entdecke die Waschbären

Entdecke die Biber

Entdecke die Otter

Entdecke heimische Wildtiere

Entdecke die Wölfe

Entdecke die Bären

Entdecke die Tiger

Entdecke die Menschenaffen

Entdecke Affen und Lemuren

Entdecke die Hyänen

Entdecke die Pandas

Entdecke die Elefanten

Entdecke die Nashörner

Entdecke die Erdmännchen

Entdecke die Beuteltiere

Natur und Tier - Verlag GmbH
An der Kleimannbrücke 39/41 · 48157 Münster
Telefon: 0251 - 13339-0 · Fax: 0251 - 13339-33
E-Mail: verlag@ms-verlag.de · www.ms-verlag.de